悲眼院のあゆみ

慈悲の心で115年

悲眼院のあゆみ「前がき」

悲眼院の初版本『悲眼院——福祉の真髄に迫る』は2019年、四百冊印刷しましたが、好評のうちに品切れになり、私の手元に十冊ほど残っているだけになりました。

増刷も考えましたが、いっそうのこと改訂版として「その後の悲眼院」を書いてみるのも面白いかと思いました。特に現在の高橋昌文院長時代の歴史を書き残しておきたいと一念発起いたしました。

改訂版「悲眼院のあゆみ」を出版するにあたって、改めて初版本を読みました。

なるほどよく書けているなと自画自賛する半面、どうも舌足らずでもう少し詳しく書き加えたいと思う所には加筆しました。

悲眼院の歴史で言えば、大正三年に渡辺元一医師の初代院長、高橋慈本理事長体制でスタートし、谷本医師の二代目院長時代以降のころまでは昭和初期の戦時中で、貧民救済のための無料診療所として、岡山県旧小田郡北川村（現在の笠岡市走出甲《こう》弩《の》）地域の防貧活動を下支えし貢献しました。

戦後の昭和25年に高橋慈本師の長男、高橋弘基師が虚弱児施設の悲眼院を立ち上げ戦後食糧難の苦しい時代を後妻の久女《くめ》女史と乗り越えて昭和49年まで頑張りました。幸いその後を高橋弘基師の四男高橋昌文師が弱冠二十七歳で後継者として引き継ぎ、虚弱児施設から児童養護施設へと再編成して現在に至っています。

特筆すべきはその間一貫して「福祉法人」でなく、一民間人の個人経営の社会福祉施設として、百十五年間を越える血のにじむ様な「悲眼院」の歴史を築いて参りました。この歴史的な社会福祉事業は、法人組織にたよることなく現在進行形で最長不倒記録を日々更新しています。

悲眼院の院長としては、初代の渡辺元一医師、二代目の谷本俊医師達の救療施設（無料の病院）の時代が約三十七年間、高橋弘基師が昭和二十五年に立ち上げた虚弱児施設時代が25年間、そして高橋家三代目の昌文院長になってから現在までが約56年になります。

悲眼院の１１５年の歴史の内約半分の56年間を現院長の昌文師が担ったことになり、その苦労の大きさ、長さが思いやられます。

ですから初版本に続く改訂版「悲眼院のあゆみ」は、高橋家三代目の高橋昌文院長を中心に編集してまいります。

改訂版出版のもう一つの理由は「叙勲、済世賞の祝い」としてです。

高橋昌文院長夫妻

虚弱児施設時代に悲眼院に入所してお世話になった我々の仲間から、マー坊と呼ばれ親しまれた現悲眼院院長の高橋昌文師が岡山県福祉関係ではトップの「済世賞」と勲章の「瑞宝双光章」を受けられ、そのお祝い記念に本書『悲眼院のあゆみ』を出版する事といたしました。

初版本「悲眼院」のはじめに

私は、戦時中の昭和十八年に縦野末雄、信子の四男として倉敷市で生まれました。父親は私が五歳の時に結核で亡くなり、残念ながら病床の父親像以外、はっきりした記憶がありません。

その当時の結核は不治の病と言われ、適切な治療方法も無く今の癌よりもさらに死亡率が高かったので家族が結核で死亡するなど、家族内感染すると治療費や生活費にあえいで貧困家庭におちいりました。

私の母も、女手一つで五人の子供を育てるために働きづめで結核に倒れてしまいました。私も学校のレントゲン検診で引っかかるし、三男の兄（三喜雄）も伯父さんの家に預けられていましたが体調をくずして返され、親子三人で結核専門の病院に入院しました。

一年後、母親は当時の最先端治療として肋骨の一部を切除する手術を受けるために早島の結核療養所に転院しました。

私と兄の三喜雄は幸運にも新薬マイシンのおかげで回復しましたが、退院しても上の姉兄ら中学生の三人が生活保護を受けながらやっと自活しているだけで、小学生の私たちの世話をする者がいなくて家に帰ることが出来ませんでした。

その後、児童相談所から小田郡北川村（現在の笠岡市走出）の虚弱児施設「悲眼《ひげん》院《いん》」へ連れて行かれました。

引率の女性職員に連れられて、山陽本線の笠岡駅から井笠鉄道の小さな軽便鉄道に乗せられた時は、おもちゃの様な小さい列車に少し不安だったことを覚えています。

悲眼院では小北《おきた》中学校二年生まであしかけ六年間お世話になりました（小北中は当時の小田町と北川村の組合立中学校）。

ある時、我々がいたころより以前の悲眼院についての山陽新聞の記事を高橋昌文現院長より見せられて、「ええっ何っ」と驚きました。

我々がお世話になった昭和二十八年ごろは虚弱児施設として開設し三年目の「悲眼院」でした。

ところがそれより以前の大正三年から昭和二十四年ごろまでは、無料で庶民の診察や治療をし、妊産婦や乳幼児の生命を救った、救療施設としての、もう一つ前の「悲眼院」の歴史があったのです。

大正時代の「悲眼院」は、真言宗弘法大師信仰の篤い渡辺元一医師や若い僧侶の高橋慈本《じほん》師ら篤志家が、高い理想と情熱に燃えて日本国中、極めてまれな無料救療施設として設立されました。

その後三十七年間もの間、地域の病人や妊産婦を無料で診察治療し、救済し続けてきたのでした。

しかしその当時の日本は国民健康保険や介護保険、国民年金も何もなかった時代に、仏教の信仰心と医療の科学的知識を結び付けるユニークな社会事業として「悲眼院」が誕生しました。

その貴重な記録を残す必要があると思い、一念発起して資料を集めてこの本を出版しました。

社会福祉とか社会保障という言葉もまだ一般的でなく「社会福祉法人制度」もまだ無い時代でした。

宗教上の信仰と医学の科学知識を結び付けて、人間らしい暮らしができる地域社会を築きたいという理想主義の実践は、現代から振り返っても大きな驚きであり、快挙ではなかったでしょうか。

多くの庶民はその日の食べることもままならず、一揆や米騒動などが頻発した貧しく不穏な明治から大正時代が背景でした。

お寺で無料診療を実施した極めてまれな社会事業に今一度光を当て、今から思えば社会福祉先進県でもあった岡山県の篤志家たちの苦難の道を振り返ってみたいと思います。

目次

第二章　救療施設「悲眼院」のはじまり

第三章　救療施設「悲眼院」苦難の道

第四章　虚弱児施設の「悲眼院」へ

第五章　三代目高橋昌文《まさふみ》院長

序章　全国的にも珍しい無料救療施設「悲眼院《ひげんいん》」

全国的にも珍しい民間の福祉施設であった「悲眼院」の歴史は、現代の岡山県人にとっても、おおいなる誇りでもあります。

と言っても岡山県人がそれほど知っているわけでもなく、せいぜい笠岡市の人達か、旧小田郡北川村地域の人達しか知らないでしょう。

私は、戦後の虚弱児施設「悲眼院」でお世話になった子供の一人ですが、それ以前の救療施設時代の苦難と栄光の史実を掘り起こし、大正、昭和、平成、令和と続いた悲眼院の実践記録を残し、世の人々に一人でも多く知っていただきたいと願って、つたないペンをとりました。

この本は、大正時代に開設した救療施設「悲眼院」の歴史に登場する渡辺院長や初代理事長高橋慈本師らのお話から始まります。

それから、戦後に虚弱児施設としての「悲眼院」を開設した高橋弘基師らの話に続きまして「児童養護施設悲眼院」の現院長高橋昌文師以後の話へと続きます。

「悲眼院」の百年以上にわたる歴史を、大正、昭和、平成、令和と時代をおってふり返るわけですが、ただ歴史的事実の資料を追うだけでは退屈で面白くありません。

そこで「悲眼院」の実際の状況を具体的に思い描いてもらうためには、施設卒業生のワクワクする血の通った肉声を載せるのが一番だと「思い出」文集を募集しました。

寄せていただいた虚弱児施設「悲眼院」の卒業生の思い出に率直な投稿がありま

すので、まずはその文をお読みください。その後あらためて「悲眼院」の歴史をたどってみたいと思います。

卒業生の思い出　その一

悲眼院の卒業生同士で結婚されたカップルは数組ありますが、廣瀬夫妻と西夫妻が貴重な思い出話を寄せてくれました。

最初に廣瀬夫妻の楽しく愉快な思い出話からお読みください。

廣瀬夫妻と　後ろは筆者
2019年6月22日

弘基お父ちゃんのおかげ

廣瀬賢一　２０１９年当時、六八歳

小学校へ行ったら給食の時間に魚嫌いな女の子が「廣瀬さん　あげる、あげる」と言ってアジのフライを8枚ぐらいもらってポケットに入れて帰った。

ポケットいっぱい、幸せいっぱいの気持ちでした。

悲眼院の方が、いつも一般の家庭より良い食事だったと思う。

辛いことは、自分に学歴が無いことだった。調査票などの学歴欄を記入するときが一番つらかった。

当時は（五十年ほど昔）高校には行けない制度だったが、中には行かせてほしいとお願いする児童もいたようだ。

僕は負けず嫌いでいじめっ子だったが一線を越えなかったと思う。

でもいじめられた側に立って思えば反省の念がわいてくる。

沙美《さみ》の海水浴場へ行ったときに、帰りの点呼で僕が邪魔をして一人置いてきぼりにしました。

その子は（玉島の）沙美から（北川村の）悲眼院まで走って帰ってきました。（院長の）お父ちゃんが僕を怒るかな？　と思ったけど置いてきぼりにされたポテチンに「みんなに嫌われるようなことをしたらいけんぞ」と教育しました。

弘基お父ちゃんには、よく叱られて殴られましたが、今、生きていられるのはお父ちゃんの正しい教育のおかげです。

お父ちゃんが生きていて読んだら涙を流して喜ぶようなケン坊の武勇伝ですね。次の文は脳梗塞で倒れて車椅子生活をしながら書いてくれた同じケン坊の思い出です。

院長先生ご夫妻とお山の大将

廣瀬賢一　73歳

わしは、昭和30年から40年まで在籍（5歳〜15歳）していました。

昭和30年3月清輝橋から電車に乗って、悲眼院に向かう時、岡山駅に着いたらM君が記念病院から乗用車で岡山駅に来ていた。

保護者と付き添い者とわしと弟と4人で、笠岡辺りで2、3人と合流して井笠のディーゼル機関車で薬師駅に着き、山へ登っていった。雪が積もっていて寒かった。新館の玄関に入ったらペンキの匂いがプンプンしていた。

最初の昼食は、角昆布を食べた覚えがチョッピリと残っている。生活が落ち着いたらペギー葉山の「南国土佐を後にして」の歌がはやった。

今でも当時の歌が頭から離れない。カラオケで良く歌ってきた。実の親父に育ててもらうよりは、3食間違いなく食べさせてもらえた。

小学、中学とお山の大将でうまく過ごした。

小学校時代は昌文院長先生と一緒に通学した。いたずらし過ぎて時々先代のお父ちゃんからお説教をいただきました。中学を出て就職をして昭和47年の3月に悲眼院卒業生の一美ちゃんと結婚しました。長男、長女をさずかりました。長女の時には、昌文院長先生に命名していただきました。

その子は立派（？）なかわいいおばさんになりました。

当時は子供２人を連れて家族で悲眼院に行って過ごしました。いつも、ミー先生と昌文院長先生は快く迎えて下さり、おいしいお茶とコーヒーとお菓子をいつも頂きました。里帰りした気分を味わっていました。

昌文院長先生が開催したバザーや運動会が印象に残っています。

昌文院長先生たちは、ご兄弟そろって僕たちに優しく接してくださいました。それは「人の話を聞く」から始まっており、包容力があり、ついつい、口が、軽くなっておしゃべりできました。悪く言えば、誘導尋問にかかっているかのように、べらべらしゃべって、いらないことまで、おしゃべりし反省していますが、直りません。

昌文院長先生の勲章は施設のお仕事とお寺のお仕事を両立されたこと、慈悲深い人柄が伺えます。

勲章おめでとうございます。おせわになったことを感謝申し上げます。

私の善行表彰を自慢してくれた弘基お父ちゃん

廣瀬一美　２０１９年当時、六六歳

私は昭和四十年、中学一年生の冬休み十二月二十五日に悲眼院に入所しました。山道に残雪があり不安で泣きながら登りました。

実母が私を出産して間もなく結核にかかり十年ぐらい療養しておりました。私が十歳の夏休みに亡くなりました。

すぐに父が再婚して継母から虐待を受けました。

悲眼院に入ってから自由に行動できるし、温かい三度の食事と学校へのお弁当がとても嬉しかった。

生まれつきの栄養失調で貧血があり虚弱児でしたが、みるみるうちに太ってきました。

時々（院長の奥様）クメお母ちゃんが心配して「いちみ」とあだ名で呼んで、下まぶたをめくって「貧血は、治りょうるか」とチェックしてくれました。

昭和四十二年十一月五日中学三年生の時に、笠岡市善行賞個人の部で小北中学代表で私が選ばれました。

弘基お父ちゃんに連れられて井笠鉄道に乗って笠岡警察署での表彰式に参加しました。

式が終わり商店街の履物屋さんで下駄を新調しました。お父ちゃんは下駄屋の店主さんに私の善行表彰を自慢して嬉しそうでした。

お昼過ぎに食堂に入りお父ちゃんときつねうどんを食べさせてもらいました。とろろ昆布が入って優しいダシがとってもおいしく身体がぬくもりました。

井笠鉄道に乗って帰り、薬師駅から山道を登りながら何を話したか記憶にありませんが、とにかく褒めてくれました。

先代のお父ちゃん、お母ちゃんも亡くなり、現在の昌文院長、ミー先生（院長の奥様）になっても、卒業生としてお盆などに悲眼院に行きます。

院長先生方は快く受け入れてくださり、帰りには季節の野菜や果物、調味料などいっぱい持たせてくださいます。

私は、実家には帰れない辛い思いもあり、本当の実家に帰ったような感じです。


ここまでは、初版本の投稿文ですが、これ以降は改訂版用に改めて書いてくださった寄稿文です。併せてお読みください。

道しるべとなった悲眼院

廣瀬一美　七十二歳

昭和40年12月25日、中学一年生の冬休みに悲眼院に入りました。クリスマスの夜、20畳の部屋に集まってケーキを頂きました。

一人っ子の私には初めての環境でとめどなく不安が募りましたが、先代のお父ちゃんからの紹介もあって、内気ながら徐々に周囲の方と一家団欒の集いが、とても嬉しかったです.

昌文院長先生は大学生ぐらいだったかと思います。

私は小学校6年生の卒業時に担任の先生から「あなたに無私道と言う言葉をさずけます。自ら頑張って、道を切り開きなさい。」と諭されました。

私の道は悲眼院で、しっかりと養育されたおかげで、私の道しるべとなりました。中学校を卒業して、個人医院に就職出来ました。

休日には悲眼院へ先代のお父ちゃん、お母ちゃん、先生方に会いに帰り、実の親のように可愛がって貰いました。

昭和47年3月にお山の大将のケンちゃんと結婚しました。

悲眼院に家族で良く伺いました。昌文院長ご夫妻は、いつも歓迎してくれました。お里へ帰ってきたような幸せを感じて居ました。

平成20年1月28日瑠璃山明王院本尊御開帳法要70年に一度の秘仏本尊不動明王の御開帳がありました。私は電車とタクシーを乗り継ぎましたが、間に合わずご本尊さんに手を合わすことが出来ませんでした。しかし、火渡り修行は見学でき、院長先生ご夫妻とお話しでき、お昼におうどん、おにぎりのお接待を頂きました。

本当に院長先生ご夫妻にお世話になりました。昌文院長先生のご子息の成豪君から「また一緒にお経を読みましょう」とお声がけ頂きました。ご本尊さんに手を合わすことはできなかったけど、この出来事は、お正月に本堂に集まってみんなでお経を拝んだ頃を思い出しました。

何かあると山での生活が出発点となっており、私の道しるべとなっています。昌文院長先生、勲章おめでとうございます。

施設とお寺でのお仕事、御多忙ではありますが、いつも穏やかで、話を聞いてくださり、慈悲深く尊敬しております。


その当時の事はすっかり忘れていましたが、この文によれば、お寺の経営する施設ですが、クリスマスには子どもたちにケーキを食べさせて世間一般の幸せを感じさせる配慮がなされていたんですね。

施設のこども達からすれば、仏教もキリスト教も関係なくただ美味しいケーキを食べたいばっかりですが、お寺の住職でもある院長先生の懐の深いご配慮がありがたいです。

廣瀬賢一、一美夫妻ほど悲眼院の卒業生で印象的なお二人は他におられません。ユーモアに満ちた文章から楽しかった悲眼院時代の暮らしが目に浮かび、卒業後の幸せな暮らしが感じられます。

卒業生の思い出文は、ひとまずここまでにしていよいよ悲眼院創設記の歴史を紐解いて参ります。

第一章　大正時代の「救療施設　悲眼院」創設期

民生委員の源流　済世顧問制度創設の笠井知事

戦前の日本社会において、岡山県が福祉先進県であったことを思い知らされたのは、民生委員制度発祥の地が岡山県であったことを山陽新聞の記事で知ったからです（厳密には諸説あるようですが）。

大正六年に岡山県の笠井知事が民生委員制度の源流になる済世顧問《さいせいこもん》制度を日本で初めて創設しました。

済世顧問とは「貧困をなくす事業をすすめるために」県知事が社会福祉に理解と能力ある人物に顧問として嘱託する制度でした。

その人物とは「人格正しく、身体健全で常識と慈善心に富、人を救済しうる資力を持っている人」（徳望家と言われた人たち）とされていました。

今でこそ、全国津々浦々に「民生委員制度」があり、社会福祉行政の実質的な下支えをしております。それが当然のように思っていましたが、その民生委員制度の発祥の地が岡山県であったことを、私はまったく知らずお恥ずかしいしだいでした。

現在、岡山県内だけで約四千名の民生委員が活動していますが、その前身の済世《さいせい》顧問《こもん》に委嘱されたのは、わずかに七十九名の初代「済世顧問」の篤志家たちでした。

済世顧問の嘱託を受けた中に、笠岡の「悲眼院」創設者の高橋慈本《じほん》僧正や渡辺元一医師、さらに現在の赤磐市（旧赤坂町）の児童養護施設「天心寮」を開設した山本徳一医師、旧美星町堺村で村を挙げて禁酒運動に取り組んだ三浦伊助医師などの先覚者が含まれ、全国民生委員の草分け的な存在として岡山県社会福祉界の歴史に名をとどめています。

新しくなった岡山城の裏に笠井知事の銅像がひっそりと立っています。ほとんどの人は笠井知事のことなど知らない顔で通り過ぎていますが。私はこの本を書いたおかげで笠井知事の偉業を知り、独り静かに昔の知事を顕彰するありがたさを身を持って体験しました。

観光客であふれかえったきれいな岡山城も結構ですが、先人たちの苦労に思いをはせ岡山の福祉の歴史を振り返ってみるのも一興です。

笠井知事と戦後の三木行治知事の功績を忘れることはできません。

岡山城の北側に立つ
笠井知事の像

大正は「防貧」時代

防貧とは聞きなれない言葉です。防犯とか防災なら毎日のように聞きます。例えば、平成、令和の世は一言でいえば「防災」時代とも言えます。ところが大正時代は日本中が貧しく、岡山県でも「防貧」第一に取り組まなければならない厳しい時代でした。

岡山県の笠井知事が大正天皇のご下問を受けて済世顧問制度を作ったのも、県内の徳望家をして防貧対策に当たらせるためでした。

防貧とは、「貧困を事前に予防する活動」で当時庶民の疾病、社会病と言われた酒害等が貧困の大きな原因と考えられていました。

病気になっても医者にもかかれない庶民をお寺で無料診療した小田郡北川村の「悲

眼院」の渡辺元一医師や高橋慈本師など。

また学校医として地域ぐるみの母子保健事業を展開して、のちの**愛育委員制度の源流ともいわれている**赤磐郡鳥取上村（現在の赤磐市赤坂由津里）の山本徳一医師による村ぐるみの公衆衛生活動など。

そして当時葬式などに五斗樽を出し、借金などで貧困をまねいた酒害の風習対策として全村禁酒を実現した美星町の三浦伊助村長。

これら初代の済世顧問らが防貧思想の実践活動を展開し、病気や酒害による貧困を防ぐ成果を挙げ、今日の福祉の礎を築きました。

赤磐市に現存の「天心寮」

たまたま、私が現在住んでいる赤磐市に「天心寮」がありますので、少しだけ横道にそれますが関係の記事をご紹介します。

そもそも「天心寮」の山本徳一医師は戦前の旧赤磐郡鳥取上村で個人医院を開業し、地域ぐるみの母子保健公衆衛生活動を展開しました。

当時の赤坂町は、乳幼児や妊産婦の死亡率が県内でも異常に高く二十数パーセントであったものを、山本医師らの出産育児環境改善運動で十パーセントまで引き下げた実績が高く評価されました。

「母の会」組織を立ち上げ地域ぐるみの母子保健活動に発展させて、これが岡山県特有の「愛育委員会」制度の源流となったともいわれています。

また山本徳一医師は、昭和二十年六月の岡山空襲の後、

山本徳一医師

現在の天心寮

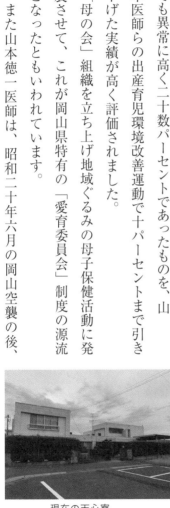

戦災孤児を救うため、黒住教の支援を得て児童養護施設「天心寮」を開設し、備前地域で最初に児童福祉施設の道を切り開きました。

天心寮という名前からわかるように「天心」とは黒住教の経典に出てくる大切な用語です。当時の黒住教の教主が全面的に支援してこの児童養護施設を立ち上げることができたのです。その後の施設運営においても現在に至るまで、黒住教徒らによるボランティア活動などが陰になり日向になってこの施設を支えています。

なお、現在は元県庁職員の西村公夫氏が約十年間にわたって寮長を補佐し支えて努力されておられます。西村氏は私と同じ山陽団地にお住まいで、奥様にも本の校正等ご協力いただきました。

画期的な禁酒運動

当時の田舎の習慣では、貧乏人でも葬式には五斗樽の酒が必要とされ、そのために借金を重ね、常に酔興による喧嘩口論がたえず、健康被害も増えて社会病と言われました。旧小田郡堺村（後の美星町）の三浦伊助医師は村を挙げての禁酒運動を展開して全村禁酒村を実現しました。岡山県全体でも九月一日を「酒なし日」に指定し、全国でも唯一無二の禁酒会館を岡山市丸の内に建設して、それ以後ここが岡山県内の禁酒や断酒運動の拠点になりました。

禁酒会館は大正時代の貴重な建築文化財ですが、昭和二十年六月の岡山大空襲にも奇跡的に焼け残り、現在も喫茶店やイベントの集会に使用されています。

三浦伊助村長

最近の山陽新聞の記事に「岡山県の宝」というのが載っていました。

この記事にも残念ながら「禁酒會館」は宝に入っていませんでした。

日本全国で唯一無二の禁酒會館は岡山県にしか在りません。

しかも、何十回という台風、地震にも耐え、太平洋戦争のB29の爆撃にも焼け残って今日なお、禁酒運動、断酒運動の拠点として役目を立派に果たしています。

禁酒会館

これが、岡山県の宝でなくてなんであろうか、県知事や岡山市長、新聞各社の関心の薄さを、心から残念に思います。

小田郡堺村の全村禁酒運動は、当時の日本全国でも画期的な活動ですが、大変残念な事には当時の「村史」などの記録が残っていない事です。
三浦伊助村長の日本の禁酒運動史にも残る活動は悲眼院の高橋慈本師の禁酒運動にも多大な影響を与えました。（後述）
出来れば御子孫にもお会いして話を聞きたいぐらいです。

民生委員制度創設百周年

平成三十年に岡山県社会福祉協議会が発行した「民生委員制度創設百周年記念誌」の中に、悲眼院関係の高橋慈本師、渡辺元一医師、天心寮の山本徳一医師、禁酒運動の三浦伊助医師ら初代の済世顧問達の写真が大きく掲載され、その後の活躍の様子が詳しく書かれています。

日本国中で民間個人経営の施設は三か所のみ

法人化されていない民間個人経営の児童養護施設は現在全国で三か所だけと言われていますが、そのうち二か所が岡山県内で笠岡市の「悲眼院」と津山市に一か所あるそうです。全国に六百ちかい児童養護施設がありますが、そのほとんどは「社会福祉法人」です。

社会福祉法人の方が、国や自治体からの補助も受けやすく、税制上の優遇措置、競輪や競艇などの団体からの寄付金を受けるのにも有利であり、さらにまた銀行からの融資も受けやすいなど多くのメリットがあります。

しかし悲眼院の場合は、そのような金銭の利害得失にこだわらず、社会事業としての福祉本来のあるべき姿に重きを置いて、あえて厳しい個人民間経営の方針を貫いたものと思われます。

「悲眼院」初代の渡辺院長や高橋理事長が決めた「社会事業で生活しない」というのは「社会事業を金儲けの手段にしない」という哲学的規範です。伝統として今日まで何代にもわたって愚直に守ってこられたわけです。社会福祉団体の事業主が営利目的の株式会社で、詐欺行為と紙一重のような福祉法人とは似て非なるものです。

なお全国で民間個人経営の社会福祉施設は三ヶ所と書きましたが、他の二か所についてはは詳細がわかりません。もしもご存知の方がいらっしゃいましたら、ご一報戴きたいです。

百年以上も個人経営を貫いた「社会福祉の原点」

しかも悲眼院は、大正時代の救療施設「悲眼院」の時代から昭和、平成、令和の虚弱児施設、児童養護施設になってもずっと個人経営で、高橋慈本師、高橋弘基師、高橋昌文師三代にわたって百十五年を越える伝統として引き継がれてきました。

一時的には個人経営の施設は他の地域にもあったかもしれませんが、百年以上もの永きにわたって営利を目的としない個人民間経営を厳格に貫いた絶滅危惧種のような施設は日本中で「悲眼院」のほかは知りません。これこそが「社会福祉の原点」ではないでしょうか？

私のお世話になった悲眼院が、ギネスブックに載せられてもおかしくないような貴重な施設で、身の引き締まる思いがいたします。

第二章　救療施設「悲眼院」のはじまり

そもそもは「お薬師信仰への疑問」

ここからは「救療施設　悲眼院」開設の歴史をたどってみます。

大正時代に小田郡北川村でスタートした最初の眼科の治療施設「悲眼院」は岡山県の社会福祉事業のはしりとなりました。

まず最初に、なぜ悲眼院で眼の治療が始められたのか、という疑問におこたえするエピソードをご紹介しなければなりません。

中国地方三大薬師の一つと言われた「走出薬師《はしりでやくし》」の縁日の「薬師祭り」には、千人以上の参詣人が小田郡北川村（現在は笠岡市走出）の浄瑠璃山へ登ってきました。本尊の薬師如来は病気治癒の仏様で、信者は備中、備後地域にかぎらず中国地方全般において宗派に関係なく広い信仰を集め、参詣人が絶えませんでした。

その反面、ご利益にあずかろうと不潔な水で眼を洗い、逆にトラホームなどの眼病が伝染するおそれなどがあり、迷信ではないかと言われたりもしました。

仏教への信仰心があつい笠岡の渡辺元一医師は、これでは折角の信仰が逆効果になると心痛し、お薬師堂の高橋慈本師に「走出薬師にお参りになる人々に眼科治療を無料で提供してはどうか」と相談し、地域の真言宗住職

悲眼院 本堂が診察室、右は入院棟（同院蔵）

らの賛同を得て、救療施設「悲眼院」の創設に取り掛かりましたのが、大正時代の初めでした。

初代　悲眼院院長　渡辺元一医師

笠岡の開業医で小田郡医師会長の渡辺元一医師は、信仰心があつく、笠岡市富岡にあった甘露育児院（本林寺）で子供たちの医療を担当し、日曜日の午後も特別診療をするなど、明治・大正時代の地域医療のリーダーとして社会（福祉医療）事業の先頭に立って活躍した当時の赤ひげ的町医者でした。

彼は貧しい庶民が医者にもかかれず神仏だけに頼

渡辺元一医師

りがちな病気治療に疑問をいだき、信仰と医学を結び付ける救療施設（無料で治療や投薬を行う施設）を「走出薬師」に設けることを真言宗僧侶高橋慈本師に相談したところ、一も二もなく賛成が得られました。

やがて高橋慈本師と、協力をお願いした真言宗の僧侶四人の賛同を得て大正三年に悲眼院を創設し、大正十三年に五十八歳で亡くなるまで、創設者の代表として十年間無報酬で院長を務められました。

県の済世顧問に委嘱された渡辺医師は、その他多くの社会事業にもたずさわっていましたが、「社会事業で生活しない（お金もうけしない）」の信念を通して、清貧でストイックな生き方をされました。

また、高橋慈本師も弘法大師に対する信仰心が旺盛で、真言宗高野山における熱心な弘法大師研究が、地元笠岡の渡辺医師と結びつける強い絆にもなりました。

渡辺医師は小田郡医師会の会長を務めるかたわら、多くの社会事業をすべて無報酬で引き受け、質素な家庭生活を営んでいました。
いつも「世の為人の為」という信念に基づいた生涯は、あつい信仰心と「医は仁術」の人生哲学につらぬかれていました。

かつて悲眼院が存在した持宝院の境内に渡辺元一医師を顕彰した大きな石碑が建てられています。渡辺元一氏の功績に対して、当時貴族院議員で元岡山県知事の笠井信一氏が「済世顧問渡辺元一君は仁者なり」と碑文をしたためられました。

昭和二年十月、北川村内外から６００名が手弁当で建立作業に駆けつけ、岡山博愛会アダムス女史をはじめ３００名の名士が参列して盛大に除幕式が行われました。

渡辺元一院長顕彰碑

拓本をとり永く顕彰したいものです。

真言宗僧侶らの発起人

悲眼院《ひげんいん》経営の中心になったのは初代理事長の高橋慈本師ですが、施設の設立にあたり地域の理解と協力を得るために真言宗末寺の先輩僧侶に発起人として協力を仰ぎました。

長尾円澄師　走出薬師に隣接する持宝院の住職で終生めとらず、後に北川村のとなりの新山《にいやま》村の長福寺（岡山県郷土の代表的な作家の一人、木山捷平の随筆にたびたび登場する名刹）の住職となりました。桃和尚との異名を持ち、桃の品種改良の末に土用水蜜を岡山県の名産品に育て果実農家から尊敬された名物和尚。

悲眼院設立の理解と協力を得るために地方寺院や名士を訪ねて東奔西走し、剛毅果断の人と言われました。

釈　大空師　「悲眼院」の名付け親と言われています。

知性豊かな高僧で人柄も円満、人望も厚く多額の浄財を集めて創設時の財政的基盤を支えました。

若い高橋慈本師を明王院の副住職として送り込み、北川小学校の教員をしていた豊野《とよの》と結婚させるなど二人にたいしては公私ともに生涯の恩師でした。

高橋夫妻の後見だけでなく、悲眼院の創設にも深くかかわり、悲眼院設立の母とうたわれました。

桑本真定師　高橋慈本師が明王院の住職になる前の住職であり、後に明王院に隣接する持宝院の住職も務め悲眼院のバックボーン的存在でした。

明王院の住職になったばかりの新婚の高橋夫妻を物心ともに支援しており、二人にはなくてはならない先達でした。

監事　丸山祥幢師　悲眼院発足当時の持宝院の住職で、発起人を代表して開院のあいさつをされました。

持宝院のお大師堂、お籠堂《こもりどう》などの建物を悲眼院の事業のために提供し、本尊薬師如来へ患者の加持祈祷を欠かさず、信仰と医学のきずなを深めることに心血を注いだ学者肌の高僧でした。

「悲眼院」初代理事長　高橋慈本《たかはしじほん》師

高橋慈本師は、十代の頃に成羽で儒教を学び、高野山真言仏教の修行中に弘法大師に対する研究を深め、岡山へもどって大原孫三郎氏の奨学金を受けてキリスト教徒とも交友を深めるなど、多方面の宗教哲学の研修に取り組み、理想社会の実現をめざした行動的な僧侶でした。

三千人の孤児を収容して全国的に有名になった石井十次の孤児院関係の牧師らと、機関誌の編集を手伝いながら交流を深めました。

大原孫三郎氏が作った大原社会問題研究所にも出入りしながら、困窮する庶民を救う社会問題研究にも熱心に取り組みました。

キリスト教徒らによる孤児院開設などが、後に仏教関係者らと取り組む事になる「悲眼院」発足の動機となり、大正三年に笠岡の医師渡辺元一氏と協力して、救療施設「悲眼院《ひげんいん》」を創設しました。

高橋慈本師

慈善事業の「救療施設」は、貧乏で病院にもかかれず病気になっても神や仏におすがりするしかないような庶民を無料で診察治療し健康を回復させ、防貧の実践活動として始められました。

個人篤志家による全国でも珍しい社会事業で、開院される噂をきいた患者が診察や治療を求め近郷近在から毎日百人、百五十人と押しかけ、日を追って人数は増える一方でした。

高橋慈本師は眼の病気にご利益が有ると言われた「走出薬師《はしりでやくし》」に隣接する明王院（真言宗）の住職でもありましたが、薬師本尊に対する信仰心は特に篤いものがありました。

渡辺元一医師らの協力を得て、お薬師本堂を治療室にあて、無料奉仕診療所の「悲眼院」開設にこぎつけ、高野山大学の講師や明王院の住職を務めながら終生無給の悲眼院理事長を全うしました。

高橋慈本師は昭和二十年に六十七歳で急逝しましたが、二十五年に長男の弘基師が悲眼院を虚弱児施設へと改編し、さらに平成になって三代目の昌文師が児童養護施設に改編、今日まで高橋慈本、弘基、昌文師高橋家三代にわたって百十五年以上ものあいだ民間個人経営の社会福祉施設「悲眼院」が引き継がれてきました。

悲眼院の足になった軽便「井笠鉄道」

夏目漱石の坊ちゃん列車ではありませんが、マッチ箱をつないだような可愛らしい外観の井笠鉄道が、笠岡から井原まで開通したのが大正二年でした。高橋慈本師らは「悲眼院」を浄瑠璃山の走出薬師に設置したいと懸命な努力を重ねていましたが、交通の不便さがネックになっていました。

そこへ井笠鉄道が開通し浄瑠璃山のふもとに「薬師駅」

井笠鉄道機関車

が設置されて薬師参りの足となり、「渡りに船」いや「渡りに駅」とばかりに大正三年一月に悲眼院が開設されました。

以後昭和四十六年の井笠鉄道廃線まで約六十年間、お薬師参りや戦後の虚弱児施設「悲眼院」訪問のさいには無くてはならない軽便鉄道として便利に活用されました。

大正十年には、悲眼院へいく薬師駅の一つ笠岡寄りの北川駅で分岐し、矢掛線も開通し小田町、矢掛町方面も便利になりました。

井笠鉄道は大正十四年に、井原から高屋まで、さらに後年、神辺までのばして、岡山県笠岡市と広島県福山市をつなぐ備中備後地方のローカル線として利便性を高めていきました。軽便の井笠鉄道は、その可愛らしい外観を、当時の悪ガキどもに「ダンプカーとぶつかって、負けてひっくり返ったんじゃ」とはやされながらも、笠岡、井原、矢掛、備後地域の通勤通学の貴重な交通機関として長年重宝されました。

私の通学した小北中学校から井原高校や興譲館高校へ進学する卒業生がたくさんいました。もちろん名門の矢掛高校に通う高校生は井笠鉄道矢掛線を利用しました。現在は、元の新山駅跡に記念館がつくられ、石炭で走った機関車と可愛らしい客車一両が無料で展示され、近くの老人がお茶の接待をしておられます。

新山駅は、岡山県の郷土作家の一人、木山捷平の生家のすぐ近くにあります。木山捷平はその当時矢掛高校まで約10キロの道を歩いて通学し、遅刻した時に「歩いたので遅れた。走れば間に合ったが。」と先生に言い訳をして、級友が大笑いをしたと言うエピソードが著書に残っています。その頃から上品なユーモアに富んだ将来を嘱望された文学青年だったようです。

「悲眼院」設立の申し合わせ

悲眼院を経営するにあたっての基本的な考え方は、いわゆる「貧困者に対して治療をほどこす」という上から目線ではなく、治療をする人も受ける人もお互いの人格を尊重して身分差別をせず、みな等しく仏の子として平等に接する謙虚な姿勢にありました。

悲眼院設立の発起人ら六名が大正二年十月に明王院に集まって協議した結果、次のような大まかな開設方針を定めました。

1、走出薬師の大師堂を診療室兼薬局とする。
2、開院費は発起人らで仮支出し暫次償却する。
3、院長、理事ら役員はいっさい無報酬のこと。
4、持宝院、明王院の離れ座敷を臨時病棟にする。

不動の院是

さらに、開院式を大正三年一月三日とし、「不動の院是」として五項目が決定されました。

一、治療は、医術と信仰を基調とする。
二、運営上、いかなる困難に遭遇するも、不浄の寄付勧募行為はなさず、浄財の寄付金のみを受けること。
三、患者よりは、人格尊重の意味において、任意の浄財は受けるも、その他はいかなる名義たりとも徴収せざること。
四、院長、理事者は、病院によって生活せざること。
五、渡辺元一を院長とし、高橋慈本を代表理事として、経営全責任を負うこととする。

この五項目は、将来いかなることがあっても変更しない不動の院是であることを申し合わせ、戦後昭和二十五年の救療施設閉院まで三十七年間、厳格に守り貫かれたそうです。

百年以上の「悲眼院」に生きる不動の院是

くどいようですが、悲眼院は国民健康保険や年金など無い時代に、社会福祉法人制度も無く、公費の補助金も少なく、僧侶や医師など一部の民間篤志家の喜捨によって設立運営されました。

昭和二十六年に社会福祉施設を「法人化」する制度ができました。

救療施設としての「悲眼院」は昭和二十五年まで続きましたので、三十七年間最後まで法人化されず民間個人経営として運営されました。

さらに昭和二十五年に「悲眼院」は虚弱児施設に衣替えされて存続しますが、その後も五項目の精神が引き継がれ、「社会福祉法人化」されることなく個人経営として今日まで運営されています。

「社会福祉施設をお金儲けの手段にしない」という慈善事業本来の趣旨が百年以上も今日まで厳格に守られてきました。

不動の五項目の誓いは、妥協を許さない真摯な生き方の覚悟として定められ、百十五年を越える「悲眼院」の歴史を通して厳格に守られてきました。

悲眼院十年史からの抜粋

大正十三年に初代理事長の高橋慈本師によって書かれた十年史より少し抜粋し、当時の時代背景をかみしめていただきたいと思います。

開院以来十ケ年いろいろの迫害に逢って、院長と理事者と手をとって、いく度仏陀に祈った事であらふ。しかしわれらは幸いである。
開院の目標なる
1、事業で生活しない。
2、不浄財をかき集めない。
の二つは現代に於いて無理である。押し強くゆかねば寄付は集まらない。
事業で生活するのでなければ熱は出ない。熱なき事業は成功しないと云ふのが一面の真理である。

されど最初に誓った目標が軽率に変更できる訳のものでない。人格の破産をしてまで事業の経営をなす必要を感じない。この意味の下で理事釈大空、長尾円澄、高橋慈本の三人は相携へて手銭、手弁当、草鞋ばきで寺院有志を訪問し赤誠を吐露し援助を依頼云々。（以下略）

理事者らが開院当時の決意を固め、賛同を求めて行脚した苦難な状況をうかがい知ることができます。

以後、その信念を三代にわたって貫かれ、今日に至っておられます。

なんで悲《ひ》眼《げん》院《いん》と呼ぶの？

悲眼院の名前の由来は、薬師如来経典の「悲生眼」（仏の力で心の眼を開く）の言葉から、眼の信仰で有名な走出薬師にちなんで「悲眼院」と名付けられました。

しかし、多くの人は「ひげんいん」とは読めません。

経文は中国の昔の呉の国を経由しており、「ひげんいん」というのは、「呉音」による経典の読み方と思われ、「漢音」で読めば「ひがんいん」ではないか。

仁和寺門跡土宣龍猊下《げいか》の扁額

仏典にちなんだ名前の読み方ひとつにしても、けっしておろそかにせず、経典の読み方に忠実な「ひげんいん」としたところに、発起人たちの仏教信仰の深さと誠実さがうかがわれると推察されます。

生涯続けた禁酒運動

初代理事長の高橋慈本師は、当時「社会病」といわれた酒の害から庶民を守る為に、生涯禁酒運動を推進されました。

お寺の葬式や法事の席でも禁酒すべきであると主張して県知事に陳情し「酒なし日」を決め、また真言宗の管長から宗派内へ広めてもらうように禁酒運動をおし進めました。

彼自身は、お葬式でお膳を出されても、「遺族が悲しみで食事も喉を通らない時に僧侶がご馳走をいただくわけにはいかない」と、一生涯けっして箸をつけられなかったそうです。

いかにも理想主義者の高橋慈本師らしいエピソードです。

その他、大正八年に独自の「己未禁酒会」を立ち上げて、小田郡堺村の三浦伊助医師（後に堺村村長）らと禁酒運動を盛り上げました。

その当時、三浦伊助医師は禁酒新聞を発行し、悲眼院へも送り届けていました。高橋慈本師は、それらの新聞を村内地域の青年たちに配布し、禁酒思想を広めたと言われています。

徹底した禁酒活動の実践を通して防貧活動を深く掘りさげ、宗教社会学者として面目躍如の人生を全うされました。

岡山県の社会福祉事業に取り組んだ先覚者たち

昭和初期の日本は、昭和六年に満州事変で中国大陸に進出、昭和十二年に日中戦争、昭和十六年に太平洋戦争に突入と不穏な時代でした。経済不況に不満をいだく青年将校らによる二・二六事件のため、多くの政治家が暗殺され混乱を極めました。多くの庶民は貧富の差や身分差別に苦しみ、労働争議、米騒動、小作争議などの社会不安が頻発していました。

当時、「貧困は個人が怠けた結果の自己責任」とされて「政府や政治家が貧困をなくさなければ」という発想は希薄でした。

社会福祉や社会保障という概念も無く、大正九年に初めて内務省に社会局が置かれました。したがって、国家による社会政策としての貧民救済事業は皆無で庶民にとっては極めてお寒い状況でした。

政府になりかわって岡山県内でも、笠井知事提唱の済世顧問に指名された医師や宗教家など、個人の篤志家による民間救済慈善活動が新たな展開を見せていきました。

そのような時代背景の岡山県では、石井十次氏の「孤児院」が多い時は三千人の孤児を収容して、キリスト教団の支援のもとで困窮児童救済事業として全国的に有名になりました。

仏教関係者も手をこまねいていたわけではありません。

笠岡市本林寺は甘露育児院を開設しました。また高橋慈本師は渡辺元一医師らと協力して、だれもが平等に無料で治療の受けられる救療施設としての「悲眼院」を開設しました。

また、旧赤磐郡赤坂町では、同じく済世顧問の山本徳一医師が、母子保健事業の先覚者として、妊産婦乳児死亡率改善などの公衆衛生事業に取り組み、後の愛育委員会制度の源流だと言われています。

またさらに黒住教の支援を受けて児童養護施設「天心寮」を開設し、現在に至っています。

後の美星町になる堺村村長を務めた三浦医師は、村中の禁酒を実施させて、節約したお金で農機具などを購入し農家に貸し出して村の産業振興を図りました。

医師や宗教家など篤志家個人による自主自立の社会慈善事業は、済世顧問制度の創設を受け、先覚者たちの真摯な人生哲学によって防貧活動の成果を挙げていきました。

第三章　救療施設「悲眼院」苦難の道

警察の干渉や妨害工作

高橋慈本師が書き残した「悲眼院十年史」によりますと、「開院以来、十ケ年いろいろの迫害にあって、院長と理事長と手をとって、いくたび仏陀に祈ったことであろう」と悲痛な叫びが吐露されています。いろいろの迫害が具体的に何を指すのかわかりませんが、警察の干渉や開業医からの妨害があったのではないかと言われています。

大正時代の公衆衛生行政担当は、警察署でした。まだ保健所も保健婦も無い時代において、警察官は伝染病患者の隔離などの取り締まりが主な公衆衛生業務でした。長島愛生園などへも当時のライ病患者と思われる人たちが、警察官によって連れて行かれました。

また国家警察においては、治安維持法などによる思想弾圧が激しさを増していった時代でした。当局は慈善事業による平等、博愛主義から自由主義思想へ傾斜することを極度に警戒していました。

人権思想の希薄な時代に、キリスト教関係者や仏の慈悲心から庶民の救済をめざした牧師や僧侶等のインテリ層が、総合雑誌の「改造」や「中央公論」を読んでいるだけで当局からマークされる、そんな時代でした。

また一部の開業医らの嫌がらせとして「暴力団を使って悲眼院に殴り込みをかける」と、うわさが広がりました。

これを聞いた村民たちが「暴力団を走出薬師の浄瑠璃山に一歩も入れるな」と立ち上がり、襲撃も立ち消えになったそうです。

悲眼院の実績が上がるにつれて地域住民からの信頼も高まり、感謝や喜びの声が沸き上がり名声も広まる一方で、既成勢力や当局からは脅威の眼でみられ、同時に警戒もされていきました。

眼科、内科の病室「静思寮」の完成

患者が増えるにつれて入院設備の拡充に迫られていきました。

小田郡北川村出身で朝鮮における足袋王と言われた「大山兄弟」が悲眼院の事業発展を聞きつけて、「もし新事業をなすあらば、応分の援助をすべし」と申し込まれ、大正九年に千五百円の特別寄付金をいただきました。現代の貨幣価値にしてどの位になるのだろうか？

この寄付をもとに三千百円の予算で十八坪二階建ての「静思寮」を建設し、安心して入院治療が受けられる病棟を整えました。

静思寮

この建物は昭和二十五年に悲眼院が虚弱児施設として改編されてからも主要な建築物として多くの児童たちを受け入れ、さらに児童養護施設になってからも悲眼院の旧館として平成二十年ごろまで約九十年間の長きに渡って活用されました。

私が悲眼院へ入所したのは昭和二十八年だったと思います。

その時、倉敷駅へ見送りに来た母親からブドウ籠をもらって来たら、部屋の担当保母（掛谷先生）がみんなで食べようね、と言われて分け与えたの覚えています。

その時最初に入所した部屋が旧館の2号室だったと思います。
二階に上がる階段のかたすみに「静思寮」の表札が確かにありました。

よくも生きてこられし……「悲眼院」

信仰と治療の併進で庶民の救済を目的に設立されたとはいえ、当時の地域開業医の執拗な反対運動もあり、最初は末寺や村民の理解も簡単には得られず、茨の道の船出になりました。

発起人ら関係者の多くは無報酬で私財を投げ出し、看護婦や産婆の人件費や薬代、治療器具代などの経費もかさみ、わずかな補助金と浄財や特別寄付金のみでの無料診療は、慢性的な赤字経営となり苦難の連続でした。

「診察代や薬代を一銭もとらないで、どのように経営していたのだろうか」と世間の人たちからも不思議がられていました。

官庁や宗教団体からのわずかな補助金とは別に、高橋慈本師が一番心を打たれたのは、庶民有志からのあたたかい寄付金でした。

戦地から海軍や陸軍の若い兵士たちが倹約して貯めたお金を定期的に送ってきました。

昭和三年の年間総予算は四千円で、収入の大部分は国や自治体からの補助金、真言宗高野山からの助成金、お賽銭などの浄財、大山兄弟等からの臨時寄付金などです。

支出は、産婆、看護婦などの人件費、薬品代、治療器具設備費、病室の修理修繕、維持管理費などです。

当時の会計報告を毎年配布されており、先日岡山の古本市場で見つけて買いました。ごく薄っぺらな冊子が3千円もして驚きました。左から四行目に「禁酒新聞、堺、三浦伊助殿」とある。

当時の理事長高橋慈本師の日記には「日夜の苦慮は、筆舌のあるところにあらず……。事業の情けなさを嘗めたことは、かつてない深刻さであった……。よくも生きてこられしの感なきを得ない」と苦しい胸の内を率直な文章で書かれていました。

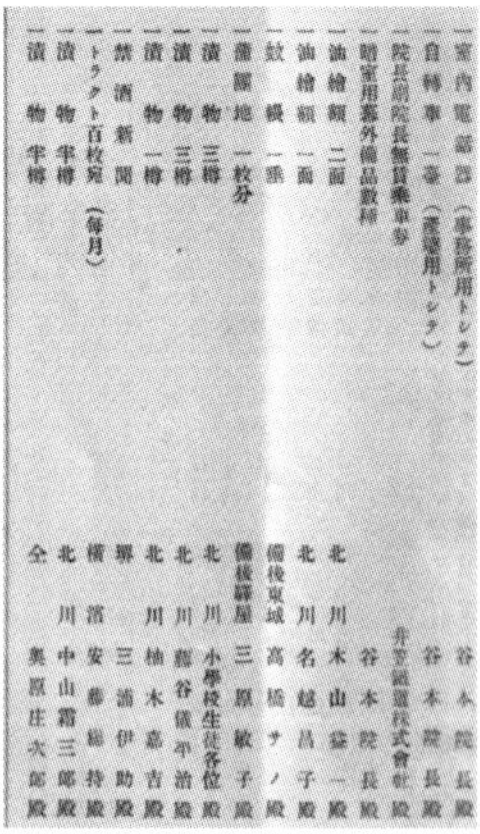

一室内電話器（事務所用トシテ）	谷本院長殿
一自轉車一臺（産婆用トシテ）	谷本院長殿
一院長副院長無賃乗車券	井笠鐵道株式會社殿
一暗室用案外備品数種	谷本院長殿
一油繪額二面	北川木山益一殿
一油繪額一面	北川名越昌子殿
一紋織一張	備後東城高橋サノ殿
一蒲團地一枚分	備後鞆屋三原敏子殿
一漬物三樽	北川小學校生徒各位殿
一漬物三樽	北川藤谷儀平治殿
一漬物一樽	北川柚木嘉吉殿
一禁酒新聞	堺三浦伊助殿
一トラクト百枚宛（毎月）	横濱安藤太持殿
一漬物半樽	北川中山霜三郎殿
一漬物半樽	仝奥原庄太郎殿

当時の会計報告

北川小学校の児童らが

秋になると、悲眼院の地元の北川小学校の全校児童らの行列が、大根を二本ずつさげて薬師の浄瑠璃山めざして登っていきました。

悲眼院に入院している患者の漬物用大根を寄付する奉仕活動でした。

「お前の大根は、やせてるぞ」とひやかされないように、畑の中から一番太い大根を抜いて自慢しながら持って行きました。

まだボランティアなどと言う言葉も無かった時代ですが、悲眼院に対する奉仕活動は、地域の子どもの心にも一筋の灯りをともしたのではないでしょうか。


私が北川小学校へ転校したのが昭和二十八年頃だったでしょうか。結核で入院していたために一年遅れて編入したので、やはりいじめられました。でも、「奉仕の時間」と言うのが有り、何をしたか覚えていませんが、生徒が口々に「奉仕、奉仕」と騒いで先生に叱られたことだけ覚えています。

転校する前の倉敷万寿小学校では「奉仕の時間」などなかったので、奉仕と言う言葉の意味も解らず、子供がなぜ騒ぐのか、先生がなぜ叱るのかもわかりませんでした。

また悲眼院という施設の子らは学校においても、おおむねいじめられ差別的な扱いを受けていました。

二代目院長　谷本峻　医師

初代の渡辺元一院長と同じく岡山県済世顧問だった谷本医師は、新山村（現在は笠岡市山口）で開業していました。

悲眼院の副院長として無料診療にあたっていましたが、初代の渡辺院長が十年間務めて亡くなられたあと、二代目院長に就任して救療施設「悲眼院」の医療総責任者になりました。

谷本院長は戦後の虚弱児施設「悲眼院」に改編された後も施設の主治医として協力し、終生虚弱児童たちの治療や健康管理にも尽力されました。

病気やけがをした悲眼院の児童らは新山まで自転車や井笠鉄道で通院したり、定期的な往診も受けました。

また悲眼院を出て社会人になる就職先として中学出の女子生徒を引き受けました。谷本医院で住み込みの看護助手をつとめ、笠岡の看護学校へ通わせて、卒業後一人前の看護婦として世に送り出しました。

谷本医院で修行しながら看護学校で正式の准看護婦免許を取得し、都会の大病院へと就職していった多くの女子卒業生がいました。

谷本俊医師のおかげでどれだけ多くの女子卒業生が看護婦として社会へ巣立つことができたことか。

施設の中学出の卒業生の就職先はごく限られており、看護婦もまだ准看護婦制度があった時代で、その制度にどれだけ助けられたことか。今では看護科も大学に組み込まれて難しくなっています。

谷本医院の有った小田郡新山《にいやま》村は悲眼院がある北川村の隣村で、岡山県の代表的郷土作家の一人、木山《きやま》捷平《しょうへい》の出身地であり、笠岡市に寄贈された生家には文学碑が残っています。

時代的にも同じころで、彼の随筆にも当時の谷本医院や檀家寺の長福寺がたびたびリアルに描かれています。

私の個人的な趣味の朗読会でも木山捷平の作品を読んでいて、懐かしく悦に入っています。

悲眼院を陰で支えた人々

　信仰と医学の力で庶民の健康と貧困を救う高い理想主義のもとに発足した悲眼院の経営は、医師や僧侶の篤志家による自主自立の精神で民間個人経営をつらぬきました。

　そのため慢性的な財政難で、理事長の高橋慈本師は苦労の連続でした。

　理事長の高橋慈本師、理事の釈大空、長尾円澄師らは「手銭、手弁当、わらじ履き」で小田郡、後月郡《しつきぐん》の末寺や有志を訪問して「赤誠を吐露し」援助を依頼しました。

「よいことです。ぜひおやりなさい。応分の負担をします」と心持よく寄付してくださり、十年間で千二百円にもなりました。

　地元の北川村の人々を始め、小田郡や後月郡の地域住民にも次第に理解が広がり、物心ともに支援の輪が広がりました。

岡山大学病院からも高名な医師が回診に来て、眼科、内科、外科の診察や入院患者の治療に協力し、家が貧しくて岡山市の大きな病院に入院できない患者には、悲眼院に来るように指導しました。

また産婆が常駐して、寒い吹雪の夜中でも提灯をさげて暗い山道をおりて地域住民のお産に駆けつけ、産後の訪問もしました。

薬の一部を無料提供してくれた井原の薬屋や、夏場には治療に使う氷を何キロもかついで山を登って届けてくれる理髪店主（名前は後述）など、多くの陰の支援者があって約三十七年間も存続することが出来ました。

夏に氷を届けた理髪店主は小田町の坪田勘次郎氏

この頃は冷蔵庫も冷凍庫も無い時代で、届けられた氷はどんなに有り難かったことか。あの急峻な車も登れない坂道を何キロもの重たい氷を担ぎ上げるなど、生半可な気持ちではできないと思いました。

「渡辺元一先生の面影」という冊子によると「夏に入り毎日氷を届けたのは小田町の坪田勘次郎という床屋の主人」だったそうで、新発見です。

走出薬師を桜の名所に

春になると悲眼院の境内の桜が（花見客もいないのに）見事な満開の花を咲かせます。

新山村の有志が浄瑠璃山を桜の名所にして患者らを慰めようと、二百本の苗木を植えました。その後、北川村の清水さんたち有志が手入れや施肥のお世話をされて毎年素晴らしい桜を咲かせました。

悲眼院が昭和二十五年に救療施設から虚弱児施設になってからも、春の桜が虚弱の子どもらの心を癒し慰め、中学校を卒業して社会へ巣立っていく若者たちをどんなにか励まし勇気づけたことか。

今でも桜の季節になると一番に悲眼院の桜並木を思い出します。

お父ちゃんの高橋弘基院長が中学校の先生方をお花見に招待して飲ませていたのを遠巻きに見て子供心にも大変だなと思いました。

三十七年間の実績

良心的な医師や若い僧侶たちが深い信仰心をよりどころに理想に燃えて、人間らしい健康的な生活環境を目指して無料の診療施設の悲眼院を開設しました。「事業で生活しない（金もうけの手段にしない）」という五項目の信念で血と汗と涙のにじむ努力を重ね、看護婦や産婆も共に苦労に耐えて三十七年間も頑張り続けました。

地域住民の健康的で人間らしい暮らしをめざして、多くの庶民に迷信を排した治療を実践した結果、数多くの健康回復実績をあげていきました。

眼科診療　　延べ人員　約二十八万八千人
内科、外科診療　延べ人員　約四万二千五百人
産科、巡回産婆　延べ人員　約一万一千四百人

その他、若い母親らの健康相談、青少年の健全育成、軍人遺族の救護活動、小学校全児童検診等にも取り組み、地域住民の健康管理、貧困家庭救済に多大な足跡を残し、岡山県や地元の市町村からも信頼されていきました。

暗い世相の一隅を照らす

「悲眼院」設立当初の大正三年ごろは、国全体の風潮として自由が謳歌され理想を追求するにふさわしい大正デモクラシー、大正ロマンの初期でもありました。

しかし昭和になると、世界大恐慌などによる経済不況から、国の方針も中国大陸進出など軍国主義が台頭し、年を追うごとに言論も経済も思想も統制されて、生活は厳しさを増し不自由になっていく一方でした。

貧しい庶民の救済は二の次三の次で、政府の社会福祉政策はしだいに片隅に追いやられ、ファシズムの嵐が吹き荒れた暗い時代になりました。

一部の良心的な宗教家や篤志家が懸命に支えた社会事業は、戦時体制に突っ走る政府の援助も乏しく、逆風の中でしだいに苦境に立たされていきました。

しかしそんな時代だからこそ、「防貧」思想に燃えて立ち上がった済世顧問など篤志家の存在は、世の中に希望の光を照らす灯台の役割を果たし、暗い世相の一隅を照らしました。

二代目高橋弘基《こうき》師に引き継がれて

初代理事長の高橋慈本師は昭和二十年の五月、終戦を目前に急逝されました。

渡辺元一医師と共に悲眼院を創設し、大正昭和戦前戦中の一番苦しい時代を潜り抜け、やっと平和な時代が来るという矢先の終戦前夜に、あっというまに67歳で亡くなられました。

その後を引き継いだ二代目の高橋弘基師も、先人の信念を引き継いで、けっして妥協することなく民間個人経営の福祉施設として自主自立の道を歩むことになりました。

戦争末期から終戦直後は大変な食糧難の時代で、悲眼院のような福祉施設の中でも一番弱い立場の、民間個人経営者にしわ寄せが集中して、施設運営も一層困難な状況に追い込まれていきました。

高橋弘基師、耐乏の五年間

初代理事長の高橋慈本師急逝のあとを引き継いで悲眼院の運営責任者に就任した

長男の弘基師は人望が厚く、戦争中、銃後の翼賛壮年団団長を村役場の要請により引き受けざるを得ませんでした。

そのことが災いして戦後には公職追放処分を受け、村役場へのつとめもできず定期収入の道が完全に閉ざされてしまいました。

悲眼院の看護婦や助産婦などへの人件費の支払いもままならなくなり、八人家族を養う食糧確保もできず、お寺の什器や祖父母の形見の着物などを処分して窮乏をしのいだと言われています。

第四章　虚弱児施設の「悲眼院」へ

高橋弘基師は、戦時中に住職をしていた神護寺というお寺で「学童疎開」として神戸方面の男子児童約五十人を引き受けました。

戦後その経験をもとに、食糧難時代の底辺であえぐ子どもらの命を助けることこそ「悲眼院」の使命であると認識し、大人の救療事業から子どもの救済事業に転換しました。

無料診療の救療施設から虚弱児施設へと組織替えして、戦後復興時代にふさわしい児童福祉の道を切り開き、戦災孤児や貧困家庭から養育困難な虚弱児童を進んで多く引き受けました。

救療施設「悲眼院」で二代目の理事長をしていた高橋弘基師は、虚弱児施設に改編し「新たな悲眼院」の院長として児童福祉の道を歩み始めました。

「悲眼院」の初代院長渡辺元一医師や理事長高橋慈本師の「社会福祉事業を金もうけの手段にしない」という信念を引き継いで、救療施設から虚弱児施設に改編してからも「社会福祉法人」にすることなく、自主自立の精神で全国的にもまれな民間個人経営として、あえて厳しい船出をしました。

戦災孤児の過酷な環境

戦時中の学童疎開政策は親と子どもを引き離し、都会に残った親の多くは空襲で死亡し、田舎に疎開した児童は戦災孤児として取り残され、帰る家も家族も失くしました。

戦災で運よく生き残った大人や引揚者たちも、自分たちが生きていくのに精いっぱいで、戦災孤児たちのことまで手が回りません。

国家の政策でも、戦後復興の中で戦災孤児の救済事業は後回しにされ、きわめて劣悪で、東京都などでは上野駅で野宿する孤児をトラックに乗せて茨城の山奥に捨てに行きました。だれ一人頼る者の無い戦災孤児は、ゴミか野良犬のような扱いを受けていました。

敗戦後の戦災孤児は、厄介者の浮浪児として追い回され、駅などで野垂れ死にするか、過酷な環境の収容所に放り込まれ虐待されるしかありませんでした。

ラジオ放送の「鐘の鳴る丘」

高橋弘基師は、このような過酷な現状を憂えて、何としても子どもたちを救いたいと新たな使命として虚弱児福祉の道を選びました。

戦後何十万の戦災孤児が社会問題になり、ラジオドラマ「鐘の鳴る丘」（菊田和夫作）がＮＨＫラジオで毎日放送されました。「緑の丘の赤い屋根、とんがり帽子の時計台、鐘がなりますキンコンカン　メエーメエー子ヤギも鳴いています」と主題歌が流れ、学校や地域で紙芝居を見た覚えがあります。

食糧難にあえいでいた子どもたちの命を救おうと、高橋弘基師がそれまでの救療施設の建築設備（静思寮）等を活用し、新たな社会福祉事業として虚弱児施設「悲眼院」へと衣替えをしました。

政府は過酷な戦後処理に追われて、児童福祉政策までは手が回らず、児童福祉法もお題目だけの絵に描いた餅のような時代でした。

虚弱児施設の「悲眼院」は、はからずも過酷な時代の要請を先取りしたようなスタートとなりました。

新たな苦難の船出

しかしこの画期的な方針転換は簡単には理解されませんでした。

当時、戦災孤児といえば、身寄りの無い、心のすさんだ子どもらが平和な村に犯罪にかかわる事件を持ち込むのではないか、施設から脱走して混乱を起こすのではないかと警戒し反対する住民もいました。

しかし高橋弘基師は、信仰心に基づく強い信念で地域住民や真言宗の檀家を説得して回りました。

今までの救療施設「悲眼院」の豊富な実績に対する信頼感もあって、みんなの理解もしだいに広がり新たな虚弱児施設が船出できました。

子ども達の衣食住の確保

十二人の入所児童と二人の保母からスタートした虚弱児施設ですが、たちまち衣食住の確保を図らなければなりません。

住居は、前の診療所の入院施設「静思寮」などを修理して使い、どんどん増える子どもらに対応して新館の建設も急ぎました。

お寺所有の山から材木を切り出して新館建設に充てました。

着るものは米国から払い下げのララ物資や、赤十字社からの古着の配給も受けました。

食料は、地元の農協からの寄付や、小北中学校全校生徒がお正月餅を持ち寄って贈るなど、地域からの協力もたくさんありました。

それでも腹をすかせた子どもが学校帰りに農家の柿や桃を取って食べたなどの苦情に、檀家へのお詫びの連続でした。


しかし、農繁期には小学校高学年や中学生らの中から元気になった子らが田植えや稲刈りを手伝う、いわゆる援農で、地元農家に対する信頼も獲得され、子どもらの健康も次第に回復し、悲眼院での暮らしも戦後復興の世相と共に少しずつ落ち着いていきました。

自由でアットホームな雰囲気

施設といえば厳重な管理が普通ですが、悲眼院は、塀も柵も鍵も無い全く自由な雰囲気で、たまにとび出す子もいましたが、軽便の井笠鉄道に無賃乗車して保護され、すぐに連れ戻され帰ってきました。

高橋弘基師を「お父ちゃん」、奥さんを「お母ちゃん」、年長の子どもらを「お兄ちゃん　お姉ちゃん」と呼んで、家族のような雰囲気の中で身も心も癒され、食糧事情の改善と共に病弱だった子等も健康を回復し、生活環境も改善していきました。

保母さんたちの献身的な勤務

保母さんたちは掃除・洗濯・炊事に、夜も子供たちといっしょに寝泊まりし、子どもたちの破れた服をつくろう夜なべに精出しました。

しかし中には保母さんの財布からお金を失敬する悪ガキなどもいて、保母さんたちの苦労は計り知れませんでした。

中には意地悪な看護婦さんで子どもから嫌われたり、住み込みの労働環境に耐えきれず、短期間で退職してしまう保母もいました。

それでも二十四時間、過酷な勤務環境の中で使命感に燃えて、子どもらの養育に献身的につくす保母さんたちがほとんどでした。

児童らは自分たち担当の保母さんが月に一回の公休日に外出した時は、お土産を楽しみに夕方に提灯をさげて山を下り、井笠鉄道の薬師駅まで迎えに行ったものでした。

今から思えば、まだうら若い女性であった保母さん達の、筆舌に尽くせない苦労もあったことでしょう。また、仕事熱心の余りお嫁に行きそびれた女性もあったと聞かされました。

施設を出てからも優しかった保母さんの、時に厳しい叱責を忘れることはありません。社会人になってからも心の支えになりました。

おおらかな高橋弘基院長

お父ちゃんと呼ばれた高橋弘基院長の得意技は、子どもらの耳垢ほぜりでした。実の親からも耳垢を取ってもらったことなどない子どもはとまどい逃げ回りますが、しっかりとつかまえては、いちいち耳掃除をするのです。

子どもはこそばゆいのを我慢しながらも、温かい肌のぬくもりを感じていい気分になりました。

また夏の夕方になると、山門と松の枝にネットを張って、みんなでバレーボールをします。

子どもらといっしょになって遊ぶ良寛さんのようでした。

喧嘩やいたずらをした時は本気で叱りピンタも飛びましたが、もともと豪放磊落な性格で、すぐに笑って許し悪ガキからも親しまれました。

おおらかな高橋弘基院長

卒業生の思い出　その二

ここで卒業生の思い出から少し長い文章ですが感動的な投稿文をご紹介します。

弘子さんは当時から「賢い子」でしたが、比較的小柄でめだたない控えめな女の子だったと覚えています。

プレゼントされた本に夢中

高原弘子（旧姓　石橋）七四歳

昭和二十八年、当時九歳の私と四歳下の弟は父の病状の悪化で急遽悲眼院に預けられることになり、その後まもなく父の死をしらされ、五人いた兄弟も一人また一人と他へ預けられ、家族は離散し自宅も人手に渡りました。

悲眼院に入った当初、暮らした部屋は本堂脇を上がった二階で施療院だったらしく本堂の左右に薬局と治療室がそなわっていました。

やぶ蚊に手足のいたる処を刺されて傷が化膿した私と弟は、手当てを受けるため部屋の担当でもあり看護婦の中島先生と毎日治療室へ出はいりしていました。

中学三年の時私は進学組を選択しましたが、兄らの賛成があったとはいえ、苦学する兄たちに私の進学援助をする余裕が無いことを懸念され、進路を変更するように諭され、せめて勉強のできるナースへの道を決めたのも、中島先生の優しい仕事ぶりに接した事がきっかけになったと思います。

私がお世話になった二人目の部屋担当は栄養士の徳山先生で、献立を作成されるそばで、よく話を聞いて下さり、本好きの私に「赤毛のアン」の単行本をプレゼントしていただき夢中になって読みました。

また近くの先生の実家へ招いて家庭の雰囲気を味あわせていただいたり、その後私がナースの卵として働く町の小学校へ転勤されてからは患者として良く来てくださり、私の注射の腕が少し上達できたのは、徳山先生の協力のお蔭だと感謝しています。

嬉しい思い出の一つは、私はいつも悲しい時楽しい時、ノートに書いて紛らわしていたのですが、ある日、お父さんから本宅へ呼ばれて行くと、えんじ色の布張りの分厚い日記帳を下さり、ちゃんと気にかけて下さったのだと、大切に使い続け今でも一日の終わりに日記をつける事は習慣になっています。

クリスマスには靴下を置き、中でも、紅白の箱に入ったキャラメル等甘いお菓子は嬉しく皆笑顔になりました。

クリスマスで思い出されるのは、以前悲眼院を辞められた黒川先生の転勤先が偶然にも私と弟が通っていた保育園だったらしく、クリスチャンだった亡き父や教会へ通っていた私達の話を聞かれた黒川先生が驚いて手紙をくれたのです。

数年を経て、亡き父に導かれるように教会を訪れる事が出来、懐かしい町の教会で聖夜の一日を過ごすことが出来ました。

またこの町で生前の父の主治医の奥さんが、お手製のスカートを着て悲眼院に入る時の私に手を差し伸べてくださいました。

見習い看護婦として就職した頃、施設出身という事で取材を受け新聞に大きく写真入りで掲載されその記事を見て私を忘れず覚えていた先生が「引き取りたい」とすぐに代理の人をよこされたのです。

懐かしい町、住み慣れた町の先生の処に帰りたいと心は大きく揺れましたが、悲眼院のお世話で入ったばっかりで、自分で決めなさいと言われても、お断りの手紙を送るしか有りませんでした。

今思うと十五、六歳でよく我慢してとどまったと褒める気持ちと、その後の自分の望みが叶わなかった青春時代を振り返り、亡き父が先生に託した想い……唯一私の人生を変える父からのプレゼント、チャンスだったのにと、悔いが残りました。

昔をかえりみると、厳しい外科での教えを得て七十過ぎまで働けたのは、天職とも思えるこの道へ導いて下さったお父ちゃんのお蔭です。

今もご恩のある奥様とかわす会話の中で当時の私を労わってくださる言葉に若き日の悔いや惑いも、時と供に穏やかに解けていくようです。女子中学生は調理場の手伝いをする当番があり、朝は中学生の弁当作りや、七輪で食パンを焼き野菜の切り方や料理を色々教えてもらいました。

夜の当番は夕食のかたづけ掃除を終えると、先生と夜道を旧館へ帰ります。

土日は山へ薪を取りに行ったりふもとの商店から食料品を運んで、店主の方から飴玉をいただくこともありました。

六十六年前、悲眼院に入る時弟を背負い同行した当時高校生の長兄が昨年亡くなり、悲眼院の私から兄に送った色あせた手紙の束が手元に戻ってきて改めて読み返しました。

兄弟と暮らせる日を一日千秋の思いで待ち続け、淋しさに涙する日もあったのに、どの手紙も弟のやんちゃや元気な様子を伝え、弱音を吐かない手紙でした。

今、住職をされている昌文さんと弟は同級生で、乳幼児担当だった野間崎先生の実家へ二人で海水浴に招かれ笑顔の写真が唯一残っています。

私と同時期に悲眼院を出る時、弟は十一歳でその後の厳しい環境のなかで中学時代から新聞配達等で働き続け、兄たちと同じように苦学を重ねて大学を終え自分の道を切り開いていきました。

兄弟たちのくじけない努力を誇りに思っています。

院長ご夫妻を「お父ちゃん、お母ちゃん」と呼び親しみ、それぞれ家庭の事情を抱えていても明るく屈託のない友達に触れ合う中、子どもらしい順応性をもち、弟と過ごした歳月でした。

住み込んでお世話をされる先生たちはいつも優しさと思いやりにあふれ、健康でないと務まらない尊い仕事だと感謝の念を強くしています。

七十五歳になる今、家族と共に暮らせる平穏な日々に感謝しつつ子供や孫の成長する誕生日をともに祝いそばで見守り、親として祖母として携われる喜びをかみしめて、一日一日を大切に生きています。
現在も私達が味わった思いをしている多くの子ども達に思いを馳せつつ孫たちに昔話を語っています。

遠い記憶を辿ると思春期の想いと四季の風景が重なって甦ります。

春

桜並木に敷かれた花のじゅうたん、花の蜜はかすかな甘さでした。毎朝の掃き掃除の時、花びらは重くて力がはいりました。
四月八日「お釈迦様の日」と言っていた「灌仏会」の行事では小さな釈迦像の屋根を山で摘んだつつじの花で飾り付け釈迦像に甘茶をかけ、参拝客に甘茶をふるまうお手伝いをしました。

夏

夏休みの一日を沙美海水浴場へ。炒り豆が配られ海水に浸して食べました。

小田川の川辺に淡い光を追って蛍狩り。

川辺で洗濯物を干しながら水遊び。水不足だったのか、先生と沢山の洗濯物を抱えてよく行きました。

秋

「薬師祭り」は地域の大行事だったのか、駅から山頂まで出店がならび警察本部も設置され見世物小屋の「ろくろ首」や「牛女」など裏からのぞいたり「ガマの油売り」は腕を切って見せ薬を塗ってびっくりしました。

当日は白米が食べられわくわく、賑わう人を見て楽しい祭りでした。

山肌すれすれに建てられた私の部屋の窓から差し込む月明りのぬくもりと、時代劇のワンシーンの様な夜道を照らす提灯のゆらめく灯りは必需品でした。

冬　厳しい寒さの中でも洗濯するときの冷たさ、手袋をしていても赤く腫れひび割れる「しもやけ」は毎年つらいものでした。

「櫓こたつ」は夕方「たどん」を交換しに新館へ行き、部屋の真ん中に置いて四方から足をいれ、首までもぐったりして暖をとる唯一の物でした。

なつかしい高原弘子さんの思い出話は以上です。細やかな心理描写とリアルな風景描写に、昔の団体生活が眼に浮かび感激です。

それにしても、素晴らしい文章表現に舌を巻きました。

今回の改訂版に掲載する寄稿文を改めて募集しました。弘子さんも前回に続いて書いて下さり、ありがたく掲載させていただきました。

浄瑠璃山の山なすび

高原弘子　八十歳

昭和二十八年の夏、結核で療養中の父の病状が悪化し、九歳の私と五歳の弟は高校生の兄に伴われ悲眼院に入所しましたが父は半月後に還らぬ人となりました。後年、私が看取った母の遺した手記から私が生まれた旧満州時代の事を知りました。

昭和十八年、太平洋戦争の渦中「満州電業社」で所長を勤めていた父の元、兄三人の妹として生まれました。生後三か月から一歳半まで父は沖縄に出征中でしたが、二十年の五月に帰還したものの八月十五日の敗戦で満州は無法地帯となり、日本人に対する敵意の中、暴力を受け自害した隣人を見送り、布団や衣類を略奪され、極寒の一冬を越して三十歳の父母は子供たちを守り、一人千円の所持金のみ、着の身着のままで翌二十一年の五月に博多港へ引き揚げてきました。

帰国後、父は電力会社に復帰し弟も誕生した頃から結核に罹患し、母が仕事に出て兄二人は預けられ、中学の長兄が病父と私と弟の面倒を見てくれていましたが、食糧難の時代に滋養分も摂る事も叶わず、柔道で鍛えた体も衰弱し三十八歳で力尽きました。

シベリアへの連行や乳幼児の多くが飢餓や発疹チフスで亡くなり、中国に子を置き去りにする等、他人事ではない当時、両親が九死に一生を得て守り、日本で築いた家庭は七年をかけて崩壊しました。

悲眼院に入った幼い弟はすぐに皆となじみ、同学年の昌文院長と一緒に野間崎先生の実家へ海水浴に誘われたり、友達と野山を駆け巡り、小学生になると「宿題しなさい！」と迫る私から逃げ回っていました。

年の初め、厳かな本堂に集まり読経されるお父ちゃんの姿に正座をしなおして聞き入った後は、お雑煮に舌鼓を打ちました。

先生たちと一緒に炊事や調理を手伝う当番では沢山の事を教わり、本宅のミシンで各々のスカートを手作りした経験は、その後の若く余裕のない子育て時代に子供服やおやつの手作りに役立ちました。

学用品も大事に使い切る、物のない当時。何より嬉しかった思い出は、父の死を引きずる私にお父ちゃんから手渡しされた、えんじ色の布が張られた素敵な日記帳です。

以来、十代、二十代、やがて母となり、子供たちの育児日記へと時を越えて刻み続け、一人一人の子供の痛みに寄り添って下さった、お父ちゃんへの感謝の気持ちを今についで、一日の終わりを日記にしたためています。

昭和四十九年十一月二十二日父ちゃんの訃報に東京の弟と私の三人の幼い子を連れて悲しいお別れに行きました。

悲眼院四十周年で訪れた時は（現院長の）マー坊は皆に囲まれ、故郷に帰省した家族を迎えて下さる温かさの中、話がはずみました。

令和元年もみの志郎著「悲眼院」が出版され、丁寧で解りやすく悲眼院の歴史を初めて知り、昌文院長の継ぐ偉業に驚きました。

もみの志郎氏の叙勲と初版本記念祝賀会で六十年ぶりに集まった懐かしい仲間たち、昌文院長、姉の弘ちゃんの優しくかわらぬ笑顔に出会い、ご馳走もいただき、楽しい時を過ごすことができ、ありがとうございました。

悲眼院を継がれ半世紀を経た今も尽力されているご夫妻、先生方、支援して下さった大勢の方々に感謝の思いで一杯です。

太平洋戦争で私と兄たちの生まれた満州国が地図上から消えた今も、世界のあちこちで紛争が絶えないことに胸が痛みます。

祖先の信仰するお大師様の一字をいただき命名された私が奇しくも父に諭されて入った悲眼院で、父母から注がれる優しさ、慈しみを親に成り代わって惜しみなく与えて頂いたおかげで私と弟は命をつなぎ今があります。

浄瑠璃山に毎年たわわに実る「山なすび」を皆と摘んで摘んで、口中を紫色に染めてほうばった甘酸っぱさと沢山の思い出を忘れることはありません。改めて心からお礼申し上げるとともに、叙勲と済世賞の受賞おめでとうございます。

前回に引き続いて今回も名文をお寄せ頂いた（旧姓石橋）弘子さん本当にありがとうございます。心のこもったリアルな表現に当時の悲眼院が目に見える様で胸がいっぱいになりました。弘子さんに日記帳をあげて、それが切っ掛けになってこのような素敵な文章表現ができたエピソードを草葉の陰でお父ちゃん、お母ちゃんもどんなに喜ばれていることかと偲ばれました。

子供の人権を最優先に

悲眼院長の高橋弘基師は、子どもらの人権を大切にして外部からの不当な言動には厳しく対処しました。

占領軍の司令官が視察に来た時に、子どもらの食糧援助の中にドーナッツ型の大豆の固まりがあり、米国の豚の餌だと分かって「敗戦国の子どもだと思って馬鹿にするのか」と怒鳴りました。

司令官は小さな声で恥じ入ったそうです。

また、退職した学校の先生が来られた時に「子供たちは、見世物ではない。ちゃんと断って来院の理由を告げられたい」と注意しました。

地元のヤクザが卒業生の青年を舎弟に欲しいと言って来た時も毅然とした態度で断りました。

施設の子どもたちへの偏見や差別を許さない強い信念を持って、たとえ上の者や強い者に対しても言うべき時はきちんと対応し、子どもらの人権を最優先に施設運営をこころがけていました。

悲眼院の歴史を見つめる梵鐘

悲眼院の旧館（現在は撤去）があった持宝院の境内に鐘楼があり、鐘つき堂として施設の子どもたちにも親しまれ、遊びながら突きまくっていましたが、岡山県の貴重な文化財としても有名だったのです。

最初は鎌倉時代の建長三年（一二五一年）頂見寺に寄進され、天文二十年（一五

鐘撞き堂

五一年）小田の庄四郎と後月の三村元親が頂見山で戦い、庄四郎が戦いに勝利して頂見寺の梵鐘を猿懸城に持ち帰りました。その後永禄十一年（一五六八年）猿懸城攻防の時、小田川に投げ捨てられたと言われています。

それを永禄十二年折敷山城主小田乗清が拾い上げて、走出の延福寺（現在の持宝院）に安置しました。

鐘の頭部の「乳」という茸型のかざりが多くこぼれ落ちているのは小田川に投げ捨てられた時欠けたものだという伝説があります。

昭和十九年にお寺の鐘も戦時兵器の金属材料になるという理由で、由緒ある梵鐘が当局へ供出されました。

しかし幸いなことに戦後になって溶解の運命をまぬがれた鐘が返され、また元の鐘楼につりさげられました。

戦争の運命に翻弄された鐘が何事もなかったかのように平和な時を告げています。

この梵鐘は歴史が刻まれた銘文のある梵鐘としては岡山県下で最古のもので、岡山県重要文化財に指定されています。

当時、虚弱児施設の旧館にいた児童らが、鐘楼のある庭で日が暮れまでソフトボールや相撲、縄跳びをして遊びました。その頃そんな大切な鐘とは思いませんで、勝った敗けたと言っては鐘を突きました。

戦国時代の中世から昭和の戦時中まで、悲惨な運命に翻弄された象徴的な梵鐘として静かに歴史を見つめている大切な文化財です。

悲眼院を支え続けたおばあちゃん

悲眼院創設者の高橋慈本師と二代目の高橋弘基師を中心に書いてきましたが、そのお二人を陰になり陽なたになり支え続けた女性の存在が見逃せません。

慈本師の妻であり、弘基師にとっては母である豊野さんです。

豊野さんは昔の女子師範学校を卒業し、小学校へ奉職して師範出の女先生として注目されました。

北川尋常高等小学校へ奉職した時に慈本師と結婚して明王院へ入りました。

高橋慈本師が理事長をつとめる悲眼院の生活面を支えるかたわら、毎週土曜の午後に地域の子どもたちを集めて、吉川英治の「宮本武蔵」や「大菩薩峠」を読み聞かせするなど、当時の田舎では大変ユニークな読み聞かせの活動をされていました。

慈本師の妻・豊野さん

子どもたちが指折り数えて楽しみに待った「土曜こども会」は、多い時には百人もの子どもらで本堂がいっぱいになりました。

また地域の婦人会会長として女性地位の向上や生活改善を図り、明るく住みよい地域社会の推進に貢献されました。

若い時はとても美人でやさしく知性と教養にあふれ、しかし子どもへのしつけは厳しく、地域の母親たちからも尊敬されていました。


晩年には悲眼院の子どもから「おばあちゃん、おばあちゃん」と慕われてお習字を、保母さんにはお花の稽古などもしてすこぶるお元気でしたが、昭和四十七年八十六歳で天寿を全うされました。

あの時、もっと本気でお習字を習っておけばよかったと社会へ出て後悔している卒業生の一人です。「おばあちゃん、ありがとう」。

卒業生の思い出　その三

卒業生の中で現在も親しく交流している六浦君の思い出話です。

当時は私も六浦君も結核感染が原因で家庭が崩壊し「悲眼院」へ入りました。

私も、ひどいしもやけ体質で泣き泣き登校しました。

二人とも悲眼院のおかげで命拾いをしましたが、よく似た星のもとに生れ卒業後もお世話になった不思議なご縁でした。

沙美の海水浴が一番の思い出

六浦《ろくうら》図南《となみ》　七三歳

小学校四年生の時に結核になり久世の病院に入院しました。

六年生の時に一番上の兄と悲眼院に入りました。

中学生になる前に結核が再発して四か月間旧館の部屋で毎日寝ていました。同級生の神田、井原、桜野君らが学校から帰ってきて、友達、先生、学校での事を楽しく話します。その事がうらやましく、早く学校に行きたいなという気持ちで淋しく悲しかったです。

ある日、知能指数を計られて、やっと学校に行けることになりました。

今までの入院や休学で勉強が遅れており、ついていけません。

毎日の勉強が苦痛で、授業時間が過ぎ終わるのを待つだけの辛い日々でした。

昭和三十年頃はとっても寒く、手足がしもやけで腫れて歩くのも困難でした。中学校へは寒いのでみんな走って通いましたが、私は歩くのがやっとで一人トボトボ歩いて通いました。

しもやけがひどくなると赤く、青く水ぶくれのようになりました。看護婦さんの先生が鬼のように怖い人で、水ぶくれのしもやけをピンセットでガリガリとひっかいて剥がします。その時の痛さは今でも忘れません。後に、その先生はクビになったそうです。

一番楽しかった思い出は薬師祭りです。五十円か百円のお小遣いをもらって何を買うか悩みました。

それから沙美の海水浴です。バスの中、みんなで歌をうたい楽しくて一番の思い出です。

毎日のように、旧館の悲眼院の境内で神田や山端らとソフトボールに明け暮れていました。ホームランは隣の持宝院の庭に打ち込むことで、とうとうお寺のお坊さんが怒鳴り込んできました。

悲眼院を出て一度久世に帰り、一九歳で自衛隊に入りました。

五年間辛抱して除隊し、ヤクルトに入社しました。

悲眼院や自衛隊の集団生活が、ヤクルトでの皆をまとめる和を重視する生活態度を養い、社会人になっても大いに役に立ったと思います。

この人生経験を活かしてこれからもプラス思考で生きて行きます。

卒業生の思い出は、懐かしいだけでなくしみじみと身に染みて来るものがあります。中には、つらく悲しい思い出もたくさんありますが、今となっては青春の懐かしい一コマで苦笑することもたびたびです。

今回の改訂版に掲載する原稿を募集して再び六浦図南君にも書いてもらいました。

悲眼院での思い出

六浦図南（七十九歳）

昭和三十年の春、一番上の兄に連れられて悲眼院に行きました。

小学校五年、十歳でした。本宅に通され簡単な面談でしたが、その時の印象が本宅の応接間にテレビジョンがあり、生まれて始めてテレビを見ました。ビックリでした。

兄が帰って、その日から施設の生活が始まり、親から離れて新しい生活。今までとは生活環境が違い、慣れない日々、毎日が辛い辛い日が続きました。体の弱かった私は、小六年から中学一年で学校も行けず半年ぐらい休学が続きました。そのため勉強も遅れぎみで皆について行けない大変な劣等生でした。

寝泊まりは八畳の部屋に７人の先輩、後輩が一緒でした。学校は山をおりて二キロぐらい離れた距離でした。その頃の冬は寒く今のような靴下、ダウンもなく冬はしもやけで足が黒くなってハジケて大変でした。

それでも中学二年くらいから環境にもなれてソフトボール、山での色々な遊び、臨海学校など楽しさも徐々に増してきました。

マー坊（昌文院長）の印象は私より後輩ですが、足が速く、鉄棒は大車輪、運動神経抜群。小柄でしたが、その頃のポパイ・ザ・セーラーマンでした。

私の仲間のうわさでは毎日どんぶりにマヨネーズをご飯にかけて三杯たべている。そう、、、!!（定かではない）

悲眼院を出てから職も色々変わりましたが、最後の就職で四十七年間、七十二歳まで勤めて現在に至る。

我々の時代を生きたマー坊院長先生。これからも頑張って下さい。

『悲眼院』初版本出版記念会。松の屋にて。
前列右端が高橋昌文院長、後列右端は筆者

六浦君とは同級生でしたが、私と同じで小児結核のため小中学校時代は随分と辛い思いをしました。でも健康になれたのは、悲眼院の自然環境のお蔭でした。思いっきり野山を駆けまわり遊びまわった事が結果的に健康を取り戻したのだと思います。すごい頑張り屋の彼は、良い伴侶と巡り会って幸せな晩年を送っておられます。

悲眼院の卒業生などを集めて「悲眼院」初版本の出版記念と、私の叙勲祝賀会を岡山駅前「松の屋」で行った時は、何から何までお世話になり、楽しい司会をしてくださり、皆からも大変感謝されました。

改めて深くお礼を申し上げます。

一日一善日記

高橋豊野さん（後の悲眼院のおばあちゃん）が主宰された土曜子ども会で、子ども達の発案で始めた「一日一善日記」があります。子どもらが、何か良いことをした日には日記に書いて皆の前で発表する自己啓発の訓練にもなりました。

木山捷平の「どんこ」という小説にもこの「一日一善日記」に類似した「一日一善日誌」が登場してきます。日記と日誌の違いはありますが、その当時、その地域でもはやっていたのかもしれません。

しかし木山捷平は、「この日誌を学校で強制された子が、友達をおとしいれ濡れ衣を着せて書いた嘘の偽善がばれる」小説の物語を書いています。

小説の中の先生は「一日一善日誌ではなく、一日一嘘日誌だ」と嘆いてみせます。主人公の先生は教員時代の木山捷平がモデルだと思われますが。

彼の経験に基づく「教育批判」の一環で、形骸化した理不尽な教育に警鐘を鳴らした小説であると後世の者に評価されています。

この一日一善日記は戦後、悲眼院が虚弱児施設になってからも採用され、折りたたんでポケットへ入る大きさのものが毎月配られました。

子どもに是非善悪を考えさせ、毎日記録する習慣をつけさせる効用もありましたが、やはり木山捷平が警鐘を鳴らしたような教育的配慮からか現在は廃止されています。

その当時、私も「夏休みの日記」以外は付けたことが無く長続きしませんでした。でも習いたてのローマ字で日記をつけるのが嬉しくて、現在もパソコンのローマ字入力に少しだけ役立っています。

全員で取り組む「薪《まき》運び」

三か月に一度ぐらいだったか、全員で取り組む薪運びの作業がありました。悲眼院は浄瑠璃山の上にあり多い時には百名ぐらい生活して、毎日の炊飯と風呂の燃料は薪を燃やしていました（現在はプロパンガスを使用していますが）。

とにかく膨大な薪を山の上まで運び上げなければなりません。一束がどのくらいの重さで一度に何束運んだか覚えていませんが、小中学生全員と保母さんも協力しての苦しくつらい作業でした。

みんな歯を食いしばってそれでも競争で担ぎ急な坂を登りました。六年生の時に一度に六束担ぎあげたように覚えていますが、背骨がメキメキと音を立てて折れそうになるほど重かったです。

でもそのおかげで虚弱児だった体がどんどん丈夫になり、少々ではへこたれない根性も身に付きました。

厳しい水飢饉

山の上の生活で一番の苦労は夏場の水不足です。もちろん深い井戸が何本かありましたが、夏場になると干上がってしまいます。

顔を洗う水も厳しく制限され、一人に柄杓一杯だけでした。

洗濯水が無くて、保母さんや上級生の女の子が背負い駕籠に汚れ物を入れて、山からおりて小田川まで洗濯に通いました。

男の子らもついて行き、水浴びをして我流でクロールを覚え、越中ふんどしを竹の先につけて乾かしながらいっしょに帰りました。

昨今の氾濫や洪水被害で有名になった小田川ですが、その当時は板橋が流されることはありましたが堤防が決壊した記憶もなく、子どもにとってはプール代わりの貴重な清流でした。

田舎の豊かな自然環境

学校へは毎日山坂を登り下りして歩いて通います。当時は足袋に下駄でしたが（後にソックスと運動靴）、寒いので学校までマラソンで、小学校低学年は泣きながら上級生について走る子もいました。

中学生は学校帰りに必ず山のふもとの「蔵本」という八百屋に寄って、明日の食料品を担ぎあげるのが日課でした。

小学生は学校から帰ると、カバンを放り投げてすぐ近くの野山に入って「山なすび（ツツジ科ナツハゼ）」など樹の実をとって腹の足しのおやつ代わりに食べました。

私は口の中が紫色になるまで食べて、いくら隠してもすぐにばれて、口うるさい上級生のカズちゃんによく叱られました。

秋の松茸の時期には山の中をかけずり回って競争でとりました。

水くみや便所の肥えくみなど、かなりハードな作業でしたが、虚弱児で入所した子らも知らずしらずに鍛えられ健康を回復しました。

中学校の柔道部主将　野球部のエース

施設の集団生活の中で鍛えられ強くなった子も多くいました。

親も兄弟も居ない孤児は、社会へ出てからも自分だけがたよりで、心身ともに強くならなければ生きて行けない時代でした。

悲眼院の子で小北中学校の柔道部のキャプテンをしていた生徒がいました。お父ちゃんがニコニコしながら「うちは虚弱児施設じゃけ、柔道の試合であんまり派手に勝つなよ」と冗談まじりに話されて、みんなで手をたたいて大笑いしました。


中学校の花形は柔道部と野球部でしたが、後年野球部のエースになって活躍した後輩もあり、みんなのあこがれの的でした。

お父ちゃんもきっと嬉しかったのでしょう。小北中学校の中でも肩身の狭い思いをした施設の子らの中にあって、「代表的な誇りの生徒」でした。

山学校、川学校

正直言って学校の勉強が好きな子どもばかりではありませんでした。どちらかと言えば、勉強よりも遊びに事欠かない環境でした。

悲眼院は走出薬師にありましたので、子ども達が通う学校では「やくっさん」と呼ばれていじめられた子供も多くいました。

朝、施設を出て学校へ行かずに山へ入って小鳥を獲る「こぶつ」という罠を作ってしかけたり、川へ入って「どぶさらえ」をしてどじょうや貝を獲って大顔で帰る子もいました。

「こぶつ」という罠を山の中に三十か所も作って一日中見て回る子もいました。

学校から通報を受けたお父ちゃんやお母ちゃんは「今日は山学校か？川学校か？」とおう揚に笑って尋ねていました。

とにかく自然豊かな田舎の山中から学校まで何キロも通い、不便と言えば不便でしたが、だんだんに体が鍛えられ元気になりました。

虚弱児施設にふさわしい自然がいっぱいの生活環境でした。

自然災害や病気の蔓延

思い出は楽しいことの方をたくさん覚えていますが、苦しくつらいこともたくさんありました。

台風や大雨で裏山が崩れ、食堂が押し流されて大破したこともありました。

人間、水が無ければ生きていけません。簡易水道はありましたが上水道は整備されていない時代で夏枯れの水不足の時は井戸水に頼っていました。

手洗いや入浴が充分できなければ不衛生にもなります。

健康管理を一番に考えなければならない虚弱児施設ですが、夏には水不足という致命的な苦労を何度も経験させられました。

水不足から集団の赤痢が発症し保健所から消毒に来た事もあり、学校でいろいろといやみも言われたり、村民からも不信の眼で見られ、しつこく尋ねられたりしました。

寒い冬場に、櫓《やぐら》こたつの消し炭をたくさん入れ過ぎてボヤを出して、ふとんを焦がしたこともありました。

卒業生の思い出　その四

佐々木妙美　　七五歳

一年の内で薬師祭りが一番の楽しみでした。おこづかいがもらえて、小学校二年の時に三十円もらってどのように使えば得になるか考えたものです。見世物小屋が建つと、入って見たくてワクワクドキドキしました。

小学校三年の夏に、同級生が小田川でおぼれて亡くなりました。お父ちゃんが本堂でお経を読んで、みんなで見送り山に葬りました。親以外の友達の死は、初めてでつらく悲しいものでした。

中学二年の時に結核で入院するのですが、その前に三畳の間に隔離されて、夏で暑いのに夜は蚊がでてくるので布団をかぶって寝ました。消毒のにおいがする食器で運ばれてくる食事は臭くて食べる気がしませんでした。

一か月ぐらいで岡山の病院に入院できてホッとしました。

退院してからは、岡山市内で各施設の子どもが集まり運動会や発表会があり、また老人ホームへの慰問などでよく踊りました。

悲眼院ではたくさんの恵をもらい、今でも大好きです。

思い出は限りなくあります。私は他の人よりたくさんお世話になりました。

施設での事は一生忘れることはありません。

ありがとうございました。


卒業生の思い出を募集しましたが、集まった原稿の多くは私の年代に近い人ばかりになりました。もっと広い年代の卒業生や、できれば保母さんなど職員の苦労話も欲しかったのですが、私の努力不足で十分には集まりませんでした。

でもありがたいことに、少ないなりになまなましい思い出話が血となり肉となって、この本が生き生きしてまいりました。

私たちにお父ちゃんと呼ばれ親しまれていた高橋弘基院長が昭和四十九年に亡くなり、四男でマー坊と呼んでいっしょに学校へ通った三代目の高橋昌文院長の時代へと入っていきます。

第五章　三代目高橋昌文《まさふみ》院長

虚弱児施設から児童養護施設の「悲眼院」へ

高橋弘基師によって昭和二十五年に虚弱児施設に組織替えされた悲眼院を昭和四十九年に引き継いだ三代目の高橋昌文師は、時代の変化に即応して平成十年に虚弱児施設から普通の児童養護施設へと改編しました。

後を引き継いだ三代目の高橋昌文師も信念の人で、法人化することなく全国的にもまれな篤志家の個人経営として、多くの児童を受け入れて、自然豊かな環境の中で子供たちの健やかな養育に日夜努力していきました。

現在は少子化の影響で入所者の数も減っています。戦後の貧しい家庭環境で虚弱児が多くいた時代から、今は物資の豊かな時代になりましたが、不登校や虐待、自閉症児など、新たな心の問題を抱えた児童の健全育成に頭と心を悩ませながら四苦八苦しています。

昔私たちがお世話になった昭和二十八年ごろは、まだ日本国中全般が貧しく、毎日白いご飯が腹いっぱい食べられる生活環境が目標でした。

施設の虚弱児童らも銀シャリ（白米）を腹いっぱい食べて、寒い冬にはつぎの当たらない綿入れを着て元気に遊びまわるのが夢でした。

「もはや戦後ではない」という言葉と共に高度経済成長時代に入り一億総中流時代へと日本も変貌していきました。

ところが現代は、新自由主義経済とともに非正規雇用などの増大で貧富の格差が広がり、子ども達の世界でも陰湿ないじめが広がり、虐待や子どもの貧困問題など、より深刻なケースが増えてきました。

施設運営においても不登校やひきこもりの子ども、さらに虐待家庭の親の問題も抱えており、単純な善意や配慮だけでは片付かない、より複雑な心理療法的対応が要求される時代になりました。

高橋昌文院長の肖像と経歴

平成十五年度高野山教師布教研修会の講演録からの経歴書です。

その後の文と肖像は「50周年記念　悲眼院のあゆみ」の挨拶文から転載しました。

高橋昌文院長が五十三歳でかなりお若い時ですが、貴重な資料です。院長の人間性が良く現れている文と思います。

高橋昌文院長　五十年目を迎えて

経歴書

昭和四十一年三月　岡山県立矢掛高校卒業
同年四月　高野山大学入学
昭和四十五年三月　卒業　悲眼院に指導員として就職
昭和四十九年二月　悲眼院院長に就任　二十七歳
明王院住職　保護司　民生児童委員

悲眼院五十周年記念誌「悲眼院のあゆみ」より

五十年目を迎えて

悲眼院院長　高橋昌文

若くして逝った先代（父）の後を受け継いで、福祉の厳しかった時代を無我夢中で過ごしてきたように思います。これも偏に、関係機関や大勢の皆様のお蔭であったと感謝しています。

五十年の節目にあたり急激に変化した時代の写真をながめながら振り返ってみました。

先ず、現在の基礎を築いてくれた先々代ら篤志家に、そして、その創設の精神が福祉の原点となって、私の心の底で絶えず励まし続けてくれたことを感謝しています。

昭和二十五年に虚弱児童福祉施設に衣替えしたのでありますが、開設当時は戦後の混乱期で食糧や全ての物資が満足にありませんでした。そのため食糧不足からくる栄養失調や色々な病気で学校へ通えない子が大勢いました。また物資不足を補うために当時の先生方はアメリカ軍から支給されたララ物資の布で、学校へ通う服やカバンを縫っていました。ソックスもよく破れ夜中に暗い裸電球の下で繕っていた姿が今でも目に浮かぶようです。炊事や風呂を沸かす燃料は山から薪を取ってくる、汲み取り作業や洗濯もの運びなど、皆で力を合わせて行っていました。今から思えば信じられないようなことばかりですが、昔は皆それぞれに、生活していくための役割分担がありました。それは、つらく厳しい作業でありましたが、精一杯に生きようとする、逞しい力があり美しい姿でありました。

夏は水が不自由で、遠く小田川まで洗濯に行き洗濯物が乾くまで、河原で水遊びをしたり、魚取りをしたりしたことを懐かしく想い出します。また徒党を組んで山中を駆けまわり、雨が降れば山ぎわの小溝をせき止めてダム作りに興じていた姿が脳裏に甦ります。遊びを含めた毎日の生活そのものが自然を相手であり、子どもたちも生き生きしていたようですし、何故か時の流れがゆったりと感じられ、気持ちにゆとりがあったような気がします。急激な発展とともに変化してきた時代の陰に生きるさまざまな問題の影響を受けた人達と苦楽をともに生活してまいりましたが、人が人として生きる、いつの時代にも変わらぬ大切な物は「心と心、人間としての温かさ」ではなかったかと思っています。

平成の今、物は豊富で何不自由なく、そして発達した機械文明をこの上なく享受していますが、社会問題化している青少年犯罪などを見るとき、高度に発達した現代社会は、人として最も大切なものを忘れているような気がします。

私たちは、人にたずさわる仕事を続けて行く限り、お金では買うことのできないものを、大切にして行きたいと思っています。

平成十二年十月　五十三歳

弘子さんは憧れのマドンナ

佐藤弘子さんは私より少し年上でしたが、美人でやさしく悲眼院の子どもらからも慕われていました。年頃の男の子らには熱烈なファンが多く、あこがれのマドンナでした。そんな連中の願いもむなしく福山のお寺にお嫁に行かれてしまったと風の便りに聞きました。

三代目悲眼院院長「高橋昌文」

姉の佐藤弘子より

弟は一歳の誕生日の前、私が小学校一年生に上がる前に生母が亡くなり、祖母と近隣の親切な人に助けてもらいながら赤ちゃん時代を過ごしてまいりました。小さい時は私もお守りをしました。

父が遠縁の紹介で再婚し、義母の忙しい仕事が終わるのを、弟は待っていました。間もなく父母が「虚弱児施設　悲眼院」を開設したので昌文は、地元の小中学校へ施設の子等といっしょに通いました。

施設の子等も人数が増えて、私も保母さんの足りない時に手伝い、やがて子どもらと一つ部屋に寝泊まりしながら数年間務めました。

父（高橋弘基）は施設の子らのお父ちゃんであり、またお寺（明王院）の住職でもありました。

高野山本山の布教師でもあり、全国に布教に出かける時もありましたので、母や保母さん方で留守中の子ども達を守りました。

私の結婚後、弟の昌文が大学生の頃、父が寒い高野山で体調を崩し、倉敷の病院での入院生活になりました。やがて父は小康を得て施設の仕事に復帰し、弟も大学へ戻り無事卒業しました。

しばらくして施設の子らに習字を教えていた豊野おばあちゃん（高橋弘基師の母）が亡くなり、同じ年に永年施設の子らの「お母ちゃん」だった義母の久女さんも亡くなりました。

経営の縁の下の力持ち役だった義母が亡くなり、大変な窮地に陥ったと思われました。

しかし、ながく施設に勤めて子どもたちの事情にも理解の深い皆木扶美子さんに白羽の矢が立ち、弟の昌文と結婚していただき、ようやく日常生活がもどったと一安心しました。

ところが間もなしに父が再び体調を崩し要介護の身になりました。

介護施設も老人ホームも無い時代で、まだ若い二人にお寺の事、施設の子どもたちの事、その上に父の介護も重なり、特にお嫁さんの扶美子さんは、その上に家事もあり筆舌に尽くしがたいご苦労があったと思います。

昭和四十九年父も亡くなり何とも表しようのない悲しみでした。

世の中が次第に変化し、家族の形も核家族が増え、母親が外で働く人が増え、弱い子どもに色々な形でしわ寄せがいくような時代になりました。

子ども同士のいじめや親からの虐待など、弱い立場の子どもを守る為、平成十年に虚弱児施設から児童養護施設に移行しました。

新たな問題を抱えながら、一人でも多くの子どもの安住の場所となるよう日々勤めている弟の昌文院長と扶美子さん、その家族、そして住み込んで日々子どもたちのお世話をして下さっている保母さん方、職員さん方に心から手を合わす思いでいっぱいです。


さすがは、弘子姉ちゃんですね。弘基前院長の長女であり、昌文師の姉にあたり、当時の状況を一番よくご存知でしかも豊かな表現力をお持ちで助けられました。

この本を書くにあたって一番の参考にした「麦の一穂」を書かれたおじさんの高橋真一氏は朝日新聞の記者をされており、文章表現が得意でしたが、弘子姉ちゃんの温かいご協力も得難い戦力になりました。

卒業生の思い出　その五

西弘君夫妻の思い出です。西君は私より九歳も若く、離れていますので、正直言ってあんまり覚えていません。ただとてつもなく素直で可愛らしい幼児だったことだけ記憶にあります。

成長して小北中学校で野球部のエースになったと聞いて驚きました。

野球部のエースと言えば我々の時代では星飛馬ではありませんか？

そこでもっと詳しく知りたいと思って電話でインタビューをしました。最後にその様子を少しだけ書き加えました。

毎日野球やソフトボールで

西　弘　六六歳

なんといっても楽しい思い出は、沙美の海水浴です。お腹がすいてカレーライスや塩サケのおいしかったことが忘れられません。堂前さんや先輩と毎日のように野球やソフトボールをしました。

小北中学校では、ついに野球部のエースになれました。

ポッキン姉ちゃんと呼ばれ

西　万里子（旧姓　梅野）　六四歳

私は、中一の夏休みに悲眼院に入りました。北村君とかにポッキン姉ちゃんと呼ばれていました。多くの先生方といろんな話をして、いろいろと教えてもらいました。

同級生の木山さんの家に行って稲刈りを手伝いました。

旧館から新館まで肥えたごを担いで運びました。

同級生の中にはラジオで中国語をきいて勉強している人もいました。

日曜日には、坂本卵店まで破卵《はらん》というひびが入っていて少し安い卵を買いに行きました。また毎日、学校帰りに八百屋から食料品を運び上げましたが、坂がきつくて大変重たかったです。

卒業生を送る会では、はるえちゃんやよし江ちゃんと花咲か爺さんの劇をしました。院長先生が枯れすすきの唄を歌いました。

「電話インタビューをして」

西弘君は、中学校野球部のエースとして活躍しましたが、当時の小田郡近隣において、小北中は比較的強く上位の成績だったそうです。

中学校の修学旅行で九州へ行く船の中で、美星中や矢掛中の生徒から最敬礼をされたそうです。いちいち相手野球部のバッターの顔も覚えていないので驚いたそうです。

また、薬師駅前の商店で悲眼院の買い物をしていた時に、木之子中学校の野球部の生徒にも最敬礼され、一緒にいたヒデノリ君から「西弘はえらいんじゃのう」と感心されたそうです。

もちろん西君の持って生まれた才能があったのだと思いますが、その当時、悲眼院の子ども達は暇さえあればお寺の境内でソフトボールばかりしていました。それらの良き先輩に鍛えられた結果中学校野球部のエースになれたのだと謙遜して言われていました。

尚《なお》ちゃんの衝撃的活躍

キヨミちゃんという名前はよく覚えていましたが、お姉さんの水難事故のことは、覚えていませんでした。私が悲眼院に入所する前の事件だったのかもしれません。特に尚ちゃん（高橋弘基師の三男、ナオちゃん）がそんな活躍をしたなど、初めて聞いて驚きました。

私は中一の夏休みに大学生だった尚ちゃんに英語の宿題を教えてもらったことを昨日のことのように覚えています。

尚ちゃんは、お母ちゃんと呼ばれていた後妻さんの連れ子の厚子さんと結婚され、横浜でご健在と聞いています。（令和五年三月に亡くなられ明王院へ納骨されました。）

柴山　記代美（旧姓　伊吹）七二歳

母の死後、六歳になったばかりの私が、三つ違いの姉と悲眼院に来たのは若葉の頃と記憶しています。それから中学校を卒業するまでの約十年間を悲眼院でお世話になりました。

自然の中で穏やかに過ぎていった月日の中で、私の身におきた大きな出来事、それは姉の死です。父が死に、その一年後には母が逝ったのちのわずか三か月余りのある夏の日の事でした。

その日、姉は悲眼院の仲間と小田川へ泳ぎに行ったのです。

幼い私は連れて行ってもらえず、姉の帰りを待っていました。

数時間後一人の男の子が何か叫びながら走って来ました。

「和美ちゃんが死んだ〜！」とか……。

それ以後の風景はまるで私の頭の中でリセットされたかのように全く何の記憶も残っていません。

後に人の話から、尚ちゃんが姉の亡き骸を背負って帰ってくれたことを知りました。恐らくあの時、尚ちゃんは中学生だったのではないかと考えます。

今思えば、中学生はまだほんの少年です。

九歳の子の亡き骸を背負い、何キロの道を歩き、あの山道を登り帰ってきたのです。冷たくて、重たくて、どんなに怖かったことでしょう。

大人でさえ、誰でも出来る行為ではありません。まだほんの少年にとって、これほど過酷な試練を受けた人がいたでしょうか？

平坦ではなかった私の人生も、今終盤に向かっています。

心残りなのは、これほどの恩を受けながら何の恩返しも出来なかったことです。

せめてこの紙面をお借りしてお礼を言わせてください。

尚ちゃん心から感謝しています。本当にありがとうございました。

心の風景

柴山　記代美

人には誰しも心の風景が有ると思います。それは子供の頃過ごしたふるさとや、近しい人と過ごした、日常の中にあることが多いように思います。

私にとっても、子供時代を過ごした悲眼院の山の自然と、夏休みを母の実家で過ごした祖母との思い出が深く「心の風景」として残っています。

家庭に恵まれない人たちが、社会に出て生きていくには沢山の試練や障害を乗り越えていかねばなりません。心が折れそうになった時、心の風景や人から大切にされた思い出があれば、道に迷うことなく前に進めます。もし迷ったとしても、いつか軌道修正することが出来るでしょう。

私たちの若い頃に比べ、今の社会はやさしさを感じられません。

職場でも学校でも家庭においても、いじめや暴力が横行しています。

経済成長を遂げてきた昭和の時代、頑張れば何とかなる時代でした。

今は経済格差が広がり、苦しい生活を余儀なくされ若者は未来に夢を持つことができません。

こんな現実社会に、悲眼院の子供たちもいずれ送り出されます。

私たちが先代のお父ちゃん、お母ちゃんに受けた愛情と思い出を「心の風景」として生きて来れたように「ビタミン愛」は、人が生きていくうえで必要不可欠なものです。

この重責を、現院長が長きにわたり担ってくださっていることに、心からの感謝と尊敬の念を感じずにはいられません。どうぞくれぐれも、ご自愛なされ悲眼院の益々のご発展、ご活躍を祈念いたしております。

懐かしい記代美ちゃんへ

記代美ちゃんは、現院長のマー坊と同じぐらいの年代だったんかな？　だからこんなにも心のこもった文章が書けるのですね。初版本の「お姉ちゃんが亡くなられた」文は衝撃的でしたが、その中で川でおぼれ死んだお姉ちゃんの遺体を担いで帰った、マー坊の兄の高橋尚文氏も先日亡くなられ、5月にふるさと明王院のお墓に納骨されたそうです。

今となっては何もかも懐かしい思い出ですが、皆様方のご冥福を心からお祈り申し上げ、御霊前に拙文をお捧げ致します。

小川大右《だいすけ》先生との再会

小北中学校時代の先生の中で、一番印象的でよく覚えているのは生物の教科担任だった、小川大右先生でした。

一昨年に矢掛の先生宅を訪問したのは、悲眼院で同室だった山ちゃんが、どうしても小川先生に会いたいと言うので、ナビで探して連れて行った時でした。小川先生はもともと、悲眼院の生徒に特に気を付けて、良く面倒を見ておられました。その当時はまだ新任でお若く、はつらつとしておられました。学級編成の時に、他の先生が嫌がる問題児を最後は、小川先生が引き取られて面倒を見られたそうです。

左から筆者、小川先生、山ちゃん

山ちゃんなども、その一人だったのではないかと思いますが、特に卒業後も結婚のお仲人をされたり、子供が出来て、にっちもさっちもいかない時に先生宅に子どもを一時預かりなどしていただいて、大変なご迷惑とご苦労をおかけしたそうです。山ちゃんはその後いろいろあって離婚し、職業も転々と変わり、最後はアメリカに移住してサンフランシスコで成功して、この度故郷に錦を飾ったわけです。もちろん先生ご夫妻も大変喜ばれて、私もお連れしたかいがあり、彼の苦労話を聞いてもらい泣きしました。

正義感の強い熱血教師だった小川先生は、同和問題などにも積極的にかかわられ、退職後は人権擁護委員として大活躍され、長年地域に貢献されました。

「悲眼院」の初版本を出版した時も、喜んで下さり、改訂版を出すにあたってぜひ、悲眼院の生徒とのことを書いていただきたかったのですが、すでに85歳になられて遠慮されました。

悲眼院の生徒にとっては、山ちゃんだけでなく多くの生徒が大変お世話になり、かけがえのない思い出多い先生でした。

先日この本の原稿打ち合わせのために、悲眼院へおこしいただいた席で、懐かしい昔話に花を咲かせました。

最後に「一生の教員生活の中で、悲眼院こそが私の原点です。」とおっしゃられました。まだまだ矍鑠《かくしゃく》とされた小川先生ですが、いつまでもお元気でますます有意義な老後をお過ごしになられるようお祈りしておわかれました。

本当にありがとうございました。

三代目高橋昌文師の幼少期からの記録

現代の難しい施設運営に家族ぐるみで真剣に取り組んでいる三代目高橋昌文師の幼少期からの記録を、姉の佐藤弘子（高橋弘基師の長女）さんが寄せて下さいました。前文と少し重なる部分もありますが、ありがたく掲載させていただきました。

高橋家三代目　悲眼院長「高橋昌文」と私

佐藤弘子（高橋弘基院長の長女）

姉の私は昭和十六年に北川村甲弩《こうの》阿部山のふもとにある神護寺で生まれました。私が三才か四歳のころ、明王院におられた高橋慈本おじいさんが亡くなられ、悲眼院の跡を継ぐために両親と三人の兄と神護寺から明王院へ引っ越しました。

その後、弟の昌文は昭和二十二年四月に明王院で生まれました。

次の年の三月、弟が満一歳になる前に体調を崩した生母が亡くなってしまいました。私が小学校へ入学する直前の事でした。

豊野おばあちゃんや、近隣の親切な人に助けてもらいながら、弟は母の顔を覚えずして赤ちゃん時代を過ごして参りました。

ミルクも買えないあの頃、みんなが石臼でお米をひいて粉にして「おも湯」を飲ませていたのを想い出します。

小さいころは細身のひ弱でよく風邪をひいていました。細い腕に注射をしてもらう時は、私も一緒に泣きながら弟の腕を持っていました。

明王院の離れに常駐しておられた看護婦の三宅さんを「やーやん　やーやん」と呼んで可愛がってもらい、私はいつもお守り役でした。

北川駅の向かいにある役場で牛乳の配給が有る時には、一人で急な山道の下の井笠鉄道の薬師駅から線路を一駅間歩いてサイダー瓶一本分の牛乳をもらいに行ったことも何度かありました。

お寺で生まれたからか三才頃での遊びで想い出すのは、父の帽子をかぶりカバンを持って「正源寺さん」になって山門と玄関を往ったり来たりのごっこ遊びです。

私が小学校二年生の時、父は遠縁の人の紹介で再婚しました。まもなく、父母は「虚弱児施設悲眼院」を開設しましたので、弟は施設の子供たちと一緒に小中学校へ通い次第に元気になりました。

父は分け隔てしない人でしたから、庫裏の本宅座敷やお寺の境内で施設の皆と仲良く遊んでいました。

次第に、施設の子どもの入所も増えて私も、保母さんの手の足りない時には手伝い、やがて子供たちと一つの部屋に寝泊まりしながら数年務めました。

父、高橋弘基は施設の子どものお父さん、お寺の（明王院）の住職、そして高野山の布教師でもあり、あちらこちらに布教に出かけたり、本山の財務部長を勤めたりで不在の時も多く、母や兄の和文や保母さん方で、留守の子どもたちを見守りました。

私の結婚後、弟の昌文が大学生の頃、父が寒い高野山で体調を崩し、倉敷の病院での入院生活になりました。やがて父は小康を得て施設の仕事に復帰し、弟も大学へ戻り無事卒業しました。

しばらくして施設の子らに習字を教えておられた豊野おばあちゃん（高橋弘基の母）が亡くなり、同じ年に永年施設の「お母ちゃん」だった義母の久女（クメ）さんも亡くなりました。

経営の縁の下の力持ち役だった義母がなくなり、大変な窮地に陥ったと思われました。

しかし、永く施設に勤めて子どもたちの事情にも理解の深い、皆木扶美子さんに白羽の矢が立ち、弟の昌文と結婚していただき、ようやく日常生活が戻ったと一安心しました。

ところが間もなしに父が再び体調を崩し要介護の身になりました。

介護施設も老人ホームも無い時代で、未だ若い二人にお寺の事、施設の子供たちのこと、その上に父の介護も重なり、特にお嫁さんの扶美子さんには、家事もあり筆舌に尽くしがたいご苦労をおかけしました。

弟の昌文は歩けなくなった父を背負って山坂を下り通院させて「感心な事だ」とお医者さんから聞いたことが有りました。その父も昭和四十九年に亡くなり、何とも表しようのない深い悲しみでした。

世の中が次第に変化し、家族の形も核家族が増え、母親が外で働く人が増え、弱い子供に色々なしわ寄せがいくような時代になりました。

子どもどうしのいじめや親からの虐待など、弱い立場のこどもを守るため、平成十年に虚弱児施設から児童養護施設に移行しました。

兄の故和文（岡山市足守の「ももぞの学園」園長）の写真好きの影響か、弟の昌文も写真を楽しみ、趣のある写真を見せてもらいました。

昨年、令和五年の秋、久しぶりに里の明王院へお参りに行きました折、住職を長男成豪《せいごう》君にバトンタッチするとの話を聞きました。

成豪君は生まれた時から施設の子供たちとともに過ごして深くかかわり、ハワイ、北米への本山派遣の駐在開教師の経験もあり、今は子どもたちのお世話をしながら、本山布教師、備中支所自治布教団長などの重責を担っています。

又その時に、弟の昌文が令和三年十一月に瑞宝双光章を頂いていたことも知りました。

子どものころのひ弱な弟のことを思い出す時、扶美子さんと不断の努力を重ねて今が有ることに何とも言えない感慨深い思いがします。

新たな問題を抱えながら、一人でも多くの子どもさんの安住の場所となるよう日々努めている弟、昌文の家族そして住み込みで日々子どもたちのお世話をして下さっている保母さん方、職員さんに心から手を合わす思いでいっぱいです。

ヤングケアラーだった弘子姉ちゃん

弘子姉ちゃんありがとうございました。前にも書いていただきましたが、やはり弟の昌文院長のことを一番良くご存知でお願いできるのは、弘子姉ちゃんしかいないと思い、厚かましく再度投稿をお願いしました。

特に昌文院長の幼少期の事を書いていただくようにお頼みしました。

弘子姉ちゃんが小学校三年生のころから弟の昌文院長の子守をして昔の役場まで線路伝いに歩いて牛乳をもらいに行ったエピソードなどは、今風に言えば「ヤングケアラー」の走りで、もらい泣きしたくなります。

私も四年生の時にマー坊が一年生に入学し、お母ちゃんのクメさんから「志郎君、マー坊をたのまあよ！」と言われてマー坊の手を引いて登校した思い出があります。

お姉ちゃんのやさしさを引き継いだ弟の昌文院長が、立派に悲眼院を後世に残されるお立場になりこんな嬉しい事はありません。

兄「もみの三喜雄」の思い出

私の兄の樅野三喜雄が遅れて「思い出の文」を寄せてくれましたので追録します。兄三喜雄は6年生の時私といっしょに悲眼院に入所し足掛け3年ほどいましたが、中学を卒業後大阪で働き、その後ブラジル移民として渡航しました。大変な苦労の末、花の販売で成功し、日本へ帰国した時に私の車で悲眼院を訪問しました。

左から筆者、昌文師、兄三喜雄、谷村氏

お世話になったお父ちゃんお母ちゃんは亡くなられていませんでしたが、三代目の高橋昌文院長ご夫妻が温かく迎えてくださいました。

その後ブラジルからお父ちゃんの思い出を書いた手紙が届きました。「悲眼院」の初版本には間に合わず掲載できませんでしたが、幸い電子出版に載せてくださることになり大変感謝しております。

兄は２０２２年12月にブラジルのポートアレグレにおいて82歳で亡くなりました。この本に再録して冥福を祈りたいと思います。

悲眼院のお父ちゃん（高橋弘基院長）

もみの三喜雄

私が悲眼院にお世話になったのは小学六年生で弟の志郎が四年の時でした。小生が六年生の時に母親と弟が家庭内感染の結核で倉敷新生会病院に入院し僕は尼崎のおじさんの家に預けられました。

環境が変わったためか私もすぐに発病して夜汽車で一人帰され病院に母を訪ねて即入院となり親子三人の入院生活となりました。

良い薬のおかげか一年で退院し悲眼院に弟と入所、三年ほど後の母親退院にともない私だけ弟より先に倉敷の生家へ帰りました。

中学校を卒業後大阪の個人商店へ住み込みで就職。看護婦をしていた姉の勧めで夜間高校に入学のため転職をくしかえし、大手の菓子メーカー（グリコ）に臨時雇いで潜り込みました。自分でも必死で働き「正社員になれるので形だけだから」と言われて人事課長の面接を受けました。

面接を勧めてくれた姉の婚約者から「面接の時は虚弱児施設に居たことは言わないように」注意されていましたが。

人事課長から「尊敬する人物は」と問われて「織田信長」と答えると、現代ではと聞かれたので「悲眼院の高橋弘基院長」だと答えました。

二日ほど後に呼び出しがあり「明日から来なくてもよい」と言われ首になりました。

その後運転免許もとり運転手などしながら職を転々としました。岡山県総社市で珠算塾をしていた長兄の潤氏から帰って塾を手伝うように言われ付け焼き刃のソロバンの先生になりました。

しかしどうも自分には向いていない気がしてブラジル移民の道を目指しました。当時の日本は国策としてブラジル移民政策を推進していました。ブラジルのコチア産業組合（日本の農協のような団体）青年移民に応募しました。渡航費用の十万二千円を日本政府から借りて大阪商船へ支払いました。当時の十万二千円は大金でしたがブラジルへ渡って働いて返したら返せない金額ではありませんでした。

しかし家族や親戚の者はみんな反対でブラジル移民のための保証人になってくれません。

困り果てて最後に思いついたのが悲眼院のお父ちゃんで悲眼院へ行って相談したところ快く保証人の判をついてくださいました。

あと一人の保証人は中学校の時の先生に頼もうと思いおふくろに言ったら、そんなにまで言うのならと母親が判をついてくれて、昭和六十一年十月三日神戸港から出港しました。

何もない小生のモットーとして「世界人口六十億人でも樅野三喜雄は私一人で中卒の虚弱児施設悲眼院出身者で百ドルだけ持って移民船に乗ったのは自分だけだ」と思い何が何でも頑張ることにしました。

コチア青年は一種の契約移民でパトロン（雇い主）のもとで農業に従事して働く四年間の義務年限がありました。ところが天候不順で三年続きの不作になりパトロンが倒産して行くところもありません。

しかたなくサンパウロの中央卸売市場の夜間営業所の野菜販売員になりました。

そこでも多くの困難があり辛酸をなめつくした後に、独立して花の卸売業をはじめ自分の店舗を持つまでになりました。

ブラジルに渡航して五十年以上になりましたが、この度の帰国でなつかしい笠岡の悲眼院を訪問し現在の院長の高橋昌文氏や後輩の谷村君にも会うことができ大変うれしく思いました。

毛色の変わった卒業生の話になりましたが、私の人生は「悲眼院のお父ちゃん」無しにはありませんでした。

卒業生の思い出　その六

ここからは、この改訂版に掲載するために新たに募集して、応募してくださった卒業生の寄稿文です。編集者のもみの志郎とは面識がないためにお一人お一人の詳しい紹介はできませんが、貴重な「思い出文集」としてありがたく掲載させていただきました。

昌文院長先生の優しさに触れて

和輝

あれは二〇〇五年の春、桜舞う季節の出来事でした。当時の私は思春期の真っ只中で心が病んでしまう事が多く、以前入所していた施設での生活や学校生活が上手くいっていませんでした。

そんな中、院長先生は暖かく私を迎え入れてくれました。

悲眼院は竹林に囲まれた自然豊かな場所にあり、春になると桜が咲き誇ります。

まず驚いたのは、院長先生が施設長兼お坊さんをされていたことです。

お寺は立派な石垣の上に建立されており、境内から見下ろすといくつもの家屋が建っていて、とても良い環境で青春時代を過ごすことができました。

私が悲眼院に入所して一番うれしかったことは、院長先生が一個人のために、趣味のギター部屋を用意してくれたことでした。

本当に一人一人をたいせつにされていると実感しました。院長先生は常に子供が楽しく日々を過ごせるように、運動会や納涼祭、クリスマス会、旅行などたくさんのイベントを用意してくれました。私は周りとなじめず一人で過ごす事が多かったのです。

町内会やクリスマス会でギターを弾く機会を与えて下さり、その時だけは自分が輝くことが出来ました。また一人でポツンといると院長先生が声を掛けて下さり、とてもうれしかったのを覚えています。

夏休みや冬休みには家に帰れない子供たちのために旅行にも連れて行ってくれました。当時、連れて行ってもらった鳥取砂丘や砂の美術館に展示してあった砂像に、私はとても感銘を受け、良い思い出を作ることができました。

施設での日々は朝6時に起床、6時30分に境内でラジオ体操、その後に掃除して炊き立ての白いご飯とお味噌汁を食べて学校へ行くという生活をしていました。夏は暑く冬は寒くて、正直しんどいなって思う事もありましたが、規則正しい生活のおかげで今の生活が成り立っている事は言うまでもありません。

また一人暮らしをしていると当時の朝食のありがたみを感じています。

悲眼院のご飯はとても美味しくて、おかわりもさせてくれて、お腹いっぱいのご飯をいつでも食べられる事に幸せを感じていました。

学生時代はテストの点数で一人でも百点を取ると毎回全員にケーキをご褒美で食べさせてくれました。不純な動機ですが、ケーキが食べたい一心で百点が取れるように頑張っていました。

施設を退所後もお電話をくださったり、姫路まで会いに来て一緒にご飯を食べさせて下さったりと、とても人情味あふれる寛大なお方だと思いました。

私が、今も頑張れているのは施設の思い出だけでなく、院長先生の優しさに触れ合えたことです。きっと人からもらった優しさは自然と誰かへと紡がれて、人と人は繋がっていると言う事、人情味あふれる優しい人間に私もなりたいと心の底から思いました。

今は年に一回年賀状を交わすだけで、いつも会いに行きますと、言葉だけが宙に舞っていますが、いつかお会いできる日を待ち遠しく思います。

私が今、院長先生に切に願うのは「お体を大切に、いつまでもお元気に過ごしてください」ありきたりな言葉ですがその一言につきます。どうかお元気で。

昌文院長先生に捧ぐ

恵子

私が初めて院長先生と会ったのは十一歳のうるう年の日だ。色白でピカピカ光るほほをした、想像よりずっと若いお坊さんだった。幼児の頃から施設に入っている妹たちとも久々の再会。そしてしばらく続く日々のスタートだった。

山から見る雲海は美しかった。

幼児から十五歳まで（途中から高校生も）１００名ほどの子供がいた。まず朝がラジオ体操で始まるのに驚いた。中学生のころは、院長が竹刀を持って見回りしていたのを思い出す。「ビーバップハイスクール」「今日から俺は」などマンガの世界とリアルがリンクがしていた時代だ。

急に荒れるやつがいるのである。食堂でもおかずの事で場を荒らすやつがいたりして、今思うと笑ってしまう。色んな事情を抱えた子供たちが、突然終わらないキャンプに放り込まれたような日々だった。食事当番や掃除当番、洗濯なども小学生高学年よりはじまり、その後の生活に役立つスキルとなった。

ある時、子供が何人か脱走してしまった。そんなことは割とあった。私が院長に「どうせ帰って来るけえ、ほっときゃええが」と言ったら「そうゆう訳にもいかんのんじゃ」と笑って、毎回探しに行った。

院長には一緒に住む自分の小さな子供たちや共に働く妻もいたし、施設長以外に住職という役割もあった。ずいぶん大変だったと思う。

だがいつもエネルギッシュで暖かかった。

私が高校に進みたかった時も力を尽くしてくれた。施設から通う女子の高校生はいなかったため、不安だった。友達と同じように歩めると決まった時には本当に嬉しかった。

高校生の時、帰り道で悪質なチカンにあった事がある。施設は山の上にあるため人目につかない山道を狙われたのだ。間一髪逃げ出せたものの、涙が出て止まらなかった。翌日から通学が怖くてたまらなかったが、すぐに院長が警察にパトロールを頼んでくれており、しばらく登下校を共にした。その時は自分が大事なものに思えて嬉しかった。

その後、看護学校へ進む時も色々と力を貸してくれた。受験日に車で送ってくれたが雪で道が混み、遅刻確実だった。しかし車中で院長は「雪が降ったら合格するって言うのう」と聞いたことのないことわざを作ってくれたりして励ましてくれた。お蔭で落ち着いて試験に臨み無事合格できたのもよい思い出だ。全寮制の学校だったが、施設生活を経ていた私にとって誰よりも早く適応したのではないかと思う。

施設の生活は色んな感情との戦いだ。それでも私は必ずしも悪い物ではないと思った。家にいた時、母はずっと入院中でたのみの祖母も倒れ、たちまち困窮。私は不登校でヤングケアラーで貧困、……。食事は一日一食程度、新しい衣類なども無く、まるで虫の暮らしだと感じていた。父は私たちを入所させた後、一時行方知れずになった。

施設に来て、私は人間の暮らしを与えられた（むしろイベントなどは家庭より多いかもしれない）そして間違いなく人生が拓けた。

院長先生の家族の様子をみる事も好きだった。何げない言葉やしぐさのやり取りがまぶしく光っているようだった。

私と言う物語を紡ぐうえで施設の生活を抜きには語れない。願わくば、ともにすごした子供たちにもたくましくサバイブしていてほしい。

院長先生には深く感謝している。結局のところ、本当に言いたい事はそれに尽きるのだ。

昌文院長先生への感謝

水野より

私がお世話になったのは50年前です。約1年ちょっとでした。院長先生はお忙しくあまりお会いすることが無く、お会いした時は必ず顔を見せてくださり、声をかけていただいた事がとても嬉しかったです。

院長先生の住職の着られた服装が目に焼き付いています。立派な服装でどこかに行かれる所だったと思います。頼もしく凛々しい印象がある立派な先生だなあと思ってみていました。とても優しく皆の事をよく見て下さいました。お忙しい中でも一年を通して色々な行事を作って下さり嬉しかったです。

私が一番印象に残っているのは、先生がウサギを取ってくださったのかわかりませんが、ウサギをさばいた事がビックリでした。目が点になりすごい先生だと感心しました。

忘れもしない、大先生（昌文の父）がお亡くなりになり、お葬式の時も院長、奥様も気丈な振る舞いで人がたくさんの中でも人には見せない所で泣いていたのかも知れないです。

院長先生と共に少しの間でしたけど本当に素晴らしい先生です。

私も何十年かぶりにお伺いした時にも先生は覚えていて下さり、ビックリでした。先生は卒業生の人達の事は誰一人忘れてない事にすごい先生です。私は院長先生と奥様に感謝しかありません。院長先生のあたたかさは一生忘れる事はないです。

時代が変わっても今の施設の方が本当に大変だと思われます。

院長先生、奥様、息子さん、とても素晴らしい人です。

これからもずっと悲眼院が続いて欲しいです。本当に感謝のことばしかありません。院長先生、お体には気を付けて下さい。

夢をあたえてくれた昌文院長先生

福井　勝

私が悲眼院にきたのは記憶があやふやではありますが確か２０１０年の春だったと思います。当時小学５年生だった私はだいぶ変わった趣味を持っていました。それは競艇中継を見ること、当時は当然子供なので舟券などのギャンブルとしてではなく純粋にレースとしてその魅力に取りつかれていました。そんな変わった少年だった自分が将来の夢を見つけるきっかけとなった日がありました。競艇好きということもあり何の気なしに競馬のゲームしている話を昌文院長にしたところ「わしも競馬見るんじゃ、今度一緒に見にいかんか？」と言っていただき初めて院長先生と一緒に年末の有馬記念をテレビ観戦しました。初めて見た有馬記念は一番人気の当時最強と言われたブエナビスタが鼻差届かず先に粘りこんだその年の皐月賞馬ヴィクトワールピサが勝利するというレースでした。初めて見るレースが歴史に残る名勝負ですから当時の僕はすごい衝撃を受けました。それからというものG1レースは昌文院長と観戦するのが恒例となりました。また自分の小遣いで競馬の月刊誌を定期購読したり僕の悲眼院生活は毎週土日の競馬を楽しみにしていたように思います。そんな生活を高校生まで続けていた時一頭の名馬が現れたのです。一時は社会現象にもなったキタサンブラックです。馬主が北島三郎、騎手は武豊という事もあり往年の競馬ファンである院長先生も、武豊ファンだった私もその走りに釘付けになっていました。ですが高校生ですから競馬ばかりにうつつを抜かす訳にも行かず将来の「進路」という問題が目の前に立ちはだかるのです。自分としては、競馬に携わる仕事がしたいと薄々は思っていましたが、簡単な世界ではないのも知っていたのでどうしようか悩んでいました。そんなある日、いつものように競馬観戦を院長先生としていた時「厩務員になればいいんじゃなか？」と言っていただき自分からは即行動！高校2年生の3学期末に競走馬の牧場見学に参加。高校3年の夏にはインターンシップで3週間滋賀県の信楽に住み込んでいかせてもらいました。そこで縁があり夏には牧場から内定の話がいただけました。そして高校を卒業し悲眼院を退所する前に昌文院長に「いつか競馬場の馬主席に招待します」と約束したのを覚えています。そして卒業した翌年京都競馬場の馬主席に招待することが出来ました。そしてその日は僕も院長も大好きなキタサンブラックの引退式が執り行われすごく喜ばれていたのが印象に残っています。

お世話になった院長を招待でき、競馬の世界に入るきっかけとなったキタサンブラックの最後の勇姿を見た時は流石にこみ上げるものがありました。

その後すぐに怪我をして競馬の仕事からは退き岡山に帰ってきてトラックドライバーとして働いていますが今でも変わらずG1の際は院長と競馬見て楽しんで

います。昌文院長！あの時夢を追いかけさせてくれてありがとうございました。厩務員にはなれなかったですが短い間でも夢を追いかける競馬に携わる経験は僕にとって大きな財産になりました。

これからも元気に一緒に競馬を楽しみましょう。

僕の大切な16年間

神保　亘哉

僕の5歳の誕生日を祝ってくれた。これが僕の一番古い記憶です。

僕は物心がついた時から悲眼院にいて話を聞くと2歳から18歳まで16年間人生の5分の1を悲眼院で過ごしています。学校から悲眼院に帰ってくれば先生や他の児童がいて、休日は院内の広場で皆で楽しく遊んで、たまに親が来て外出をするというのが僕の当たり前でした。

小さい時はそのことに対して何も疑問を持っていませんでした。しかし中学校にあがるとやはり段々と他の人との違いに気が付いいてきて「普通の家庭は羨ましい」とか「悲眼院での生活が嫌だ」と思うようになりました。そういった苛立ちで先生と何度もぶつかったこともあります。

しかし高校生になっていよいよ就職という時には一緒になって悩み考え僕の将来に対して真摯に向き合ってくれました。

そのおかげで就職先を言えばみんなが口をそろえて「すごい」というような大手企業に就職することが出来ました。

僕はいまでもふいに考えることが有ります。悲眼院に入って無くて普通の家庭で育っていたらと、そういう時は必ずこう思います。

人の人生、人格、というのは生まれてから20歳の間で決まると思っています。そんな大事な時期の大半を悲眼院で過ごせて僕という人を育て上げてくれたことは院長先生をはじめお世話になった先生達には感謝をしてもしきれないです。

これから生きていくうえで嫌なことや逃げ出したくなることがあると思います。そんなときはあの５歳の誕生日を祝ってくれたことの嬉しさを思い出して頑張っていこうと思います。

そして元気な顔を院長先生に見せにいけたらと思います。

大切な思い出

藤ノ木淳子（旧姓大本）

当時の私は小学６年生、弟は３年生、兄弟でお世話になりました。三年半と短い期間でした。卒業して43年経った今でもはっきりと悲眼院で過ごしたその光景は私の脳裏に焼き付いています。

親元を離れて初めての集団生活。下は幼児ちゃんから上は高校生までの子供が一緒に暮らす共同生活には戸惑いがありました。私の部屋は旧館の二階で部屋には同い年の富ちゃんが居りました。同級生がいたことで不安な気持ちも徐々になくなり、すぐに馴染んでいきました。

富ちゃんとの出会いがあって一日一日が本当に楽しかった。泣いたり笑ったり時にはケンカをしたり……。また二人して寝ている幼児を起こしてはケラケラ笑って、いたずらもしましたね。

卒業の時に富ちゃんから「あっちゃん覚えてる？」私が悲眼院に来た翌日にケンカしたらしく「あれだけは忘れないからね」と聞いたものの私は全然覚えていませんでした。富ちゃんは覚えていたんだとびっくりしたこと。

反抗期には先生方にふてくされた返事をして困らせることもありました。家庭的な雰囲気の中でしっかりと向き合って下さったことに感謝いたします。

楽しい行事もたくさんありましたね。院長先生が運転するマイクロバスに乗り岡山球場での野球観戦。地域の方との夏の盆踊り大会。五月の花まつりではミー先生（昌文先生の妻の扶美子様）とお花摘みに行き、お釈迦様の屋根に飾りつけをしたこと。バザーでたこ焼き、クッキーの販売。先生方は準備や後かたずけで大変だったでしょう。お世話になりました。また、バザーに卒業生が来てくれたり、学校のクラスメートも遊びに来てくれてそれがとても嬉しく気持ちがワクワクした事。

年中行事の中でも一番盛大なイベントだったと思います。

そして「ろっかん」確かそう言っていたと思いますが、間違っていたらごめんなさい。この遊びは陣取り合戦？本堂の広場で二チームに分かれ、相手チームの人を捕まえたり味方を助けたりしながら相手の陣にタッチすることを目指します。縁の下から敵陣の接近を狙ったり、かなり走り回る遊びなので低学年の子はいませんでしたね。卒業生や院長先生も走り回っていました。院長先生は体格も大きく、足も速かったので同じチームになると安心したものでした。クリスマス会、各部屋での出し物では先生方のモノマネが面白く、中でも怒っているシーンが一番笑いが取れて大変盛り上がったこと。ビー玉遊び、冬はマフラー編み。先生に教わりながら完成出来た事。神楽で観た大蛇。缶蹴りをして隠れたこと。

中学校に提出するためのススキを遠くまで先生付き添いのもと、取りに行ったこと。そして立派な石垣。石垣にボール投げをしたり、上と下で呼び合ったりしたこと。こんなこともありました。

確か、あれは何人かで中学校からの帰り、不審者らしき人がいて蔵本（八百屋）のおばちゃんから悲眼院に電話をかけて貰ったところ、すぐに院長先生が木刀持参で山道を降りて来てくれたこと。院長先生覚えていらっしゃいますか？

就職先に院長先生が来てくれたこと。卒業以来の再会だったので感激しました。そうそう成豪君が赤ちゃんの時は抱っこしたりおんぶしたり、お守りをしたこともありましたね。成ちゃんかわいかったね。楽しい思い出ばかりが走馬灯のように浮かんできます。

悲眼院での暮らしは窮屈なものではなく、愛情に包まれ時には厳しくまた、のびのびと子供らしく暮らすことができました。院長先生、ミー先生、本当にありがとうございました。お世話を下さった多くの先生方にも心より感謝申し上げます。私も来年還暦を迎えます。

卒業生として富ちゃんと悲眼院に行きたいと思っています。

悲眼院での思い出

宮崎裕太

僕は二歳から十八歳までの十六年間を悲眼院で過ごしました。

自分が小さい頃は、本当の親のように接してくれたことが印象に残っています。

自分が中学、高校と大きくなるにつれて一般家庭の人たちとは違うんだなとうらやましく思うことも正直ありました。その頃からいろいろと悪い事をするようになりました。

院長先生をはじめ先生方には本当に申し訳なく思っています。

自分が悲眼院を出て、外で働くようになってからすぐ悲眼院に戻りたいなと思いました。悲眼院は、朝、昼、夜三食健康面に気を遣った料理だったり、朝のラジオ体操など当たり前にやってたことが、今になってどれほど大切な経験だったことか外に出て気が付きました。

悲眼院で生活してきて毎日のようにお寺を見てきて自分もお寺を建ててみたいと夢中になって大工の仕事が出来るのも悲眼院で生活をしてきたから今の自分があると思います。

今まで色々な人達に迷惑をかけて来ました。それでもこれからはお世話になったぶん、仕事を頑張って悲眼院、社会の役に立てれるように頑張ります。
今まで十六年間本当にありがとうございました。

「明るい家庭づくり作文」より
『私の住んでいる所』　**三年　宮古　歩**

私は、児童養護施設に入所して九年がたちます。私が住んでいる施設には七十人の子供と三十人近くの先生がいます。子供は二歳の小さな子から高校三年生までの男女がいます。施設と聞いていいイメージを持つ人は少ないと思います。でも、私はとてもいい場所だと思っていいます。なぜなら悪いことをしたら本気でしかってくれる先生もいて、毎日の食事や掃除をしてくれる先生もいるからです。

そして何より七十人もの多くの仲間がいます。一緒にご飯を食べたり、一緒に勉強したりと毎日をそんな仲間と過ごせます。仲間と言ってもみんな家族の様です。時にはケンカもします。でも絶対に笑っている時間の方が多いです。

悲しい事や辛い事があれば話を聞いてくれます。

試合やテストの日には「がんばれ」と皆が応援してくれます。学校や買い物から帰って来たときには、「おかえり」と笑顔で言ってくれます。

施設でのいろいろな行事も楽しみの一つです。運動会の時にはチームが一つとなってどのチームも優勝を目指して全力で戦います。クリスマス会といった行事の時には、自分の特技をステージで披露します。

みんな大きな拍手をくれます。

毎日の生活の中でも食堂掃除や炊事などはそれぞれが協力してやっています。すれ違う時には「おはよう」や「おやすみ」などあいさつが聞こえます。助けてもらった時には「ありがとう」が聞こえてくるし、困っていたり悲しそうにしたりしている人がいれば、「どうしたん？」「大丈夫？」などの声が聞こえてきます。そんなあたたかい言葉をかけてくれた家族が、時には退所することもあります。その時には多くの人が別れを惜しんで、手紙を書いたり泣いたりします。日々一緒に生活しているからこそ生まれる感情です。

卒業生が海などに招待してくれることもあります。

その時いつも人の暖かさを感じます。

先生からのあたたかさも毎日のように感じています。例えばおやつの時です。私が住んでいる施設では毎日おやつが有ります。一週に一度、水曜日には先生が仕事の合間をぬって作ってくれる手作りのおやつの日があります。私は手作りおやつの日に学校から帰る時、いつも楽しみでワクワクしているので、ついつい早足で帰ってしまいます。先生達が気持ちを込めて作ってくれたと思うと、何十倍も美味しく感じます。

今紹介した事は、私の住んでいる所のほんの一部です。

もっといいところがたくさんあります。集団生活の中で身につくマナーもたくさんあります。毎日の生活の中で私は、ここで生活できていることをとてもいい経験だと思っています。

ここで生活していなければ、たくさんの先生やたくさんの家族に出会っていなかったし、楽しい行事を経験することもなかったと思います。

いつも先生や家族に「ありがとう」と思っています。ありがとうと思っていても恥ずかしくてなかなか言葉に出来ない時もあります。だからみんなに大きな声で、「ありがとう」と日頃の感謝の気持ちを伝えたいと思います。

これからもたくさんの先生やたくさんの家族に支えてもらいながら、協力しあいながら生活していきたいと思います。

私の住んでいる所は世界で一番あたたかい場所だと思います。
世界で一番あたたかい先生と家族と生活している私は、世界で一番幸せだと思います。

ここまでが、昭和四十九年以降（昌文院長になってから）の卒業生の思い出文集です。昌文院長のご長男の成豪《せいごう》君が苦労して集めてくださいました。そのお蔭で何とか「改訂版」の体裁が整いました。

最後の「明るい家庭づくり作文」は昌文院長の姉の佐藤弘子さんが昔の資料の中からみつけてくださり転載させていただきました。

成豪君は、年老いた昌文院長の後継者としてお寺の住職など八面六臂の大活躍で大変お忙しいに

高橋成豪師

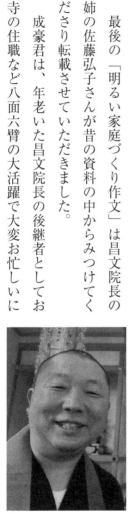

もかかわらず快くご協力くださいました。

成豪君が高野山時報に投稿されました文も佐藤弘子さんが見つけてくださいました。長いので少し短く要約して転載させていただきました。

「仏の力により心の眼を開く」

備中自治布教団長　高橋　成豪

自坊の児童養護施設

岡山県笠岡市の山寺でございますが、大正三年の開業当時は救療事業所として妊産婦、児童健康相談等の機能を開始し、戦中戦後は軍人遺族救護として戦争孤児を預かって来ました。

施設の名前は「悲眼院」ひげんいん（仏の力により心の眼を開くと言う意味の）「悲生眼」より名付けられています。

当時の貧困なる国家の社会政策の谷間に放置された、ちまたの境遇に開業医の暑い信仰心による無料診療、近隣寺院の僧侶が手弁当わらじ履きで東奔西走して寄付を募り地元住民のご協力をいただき長年続けて来られました。現在は児童養護施設として三十名ほどの保護者のいない児童、虐待されている児童、その他養護を必要とする子どもたちを家庭に代わって養護し自立を支援しています。

現代日本の社会的養護

厚生労働省のデータによりますと、令和二年度日本全国の社会的養護対象児童数は約四万二千人います。全国に六百十二か所ある児童養護施設に入所する児童数は約二万四千人でほとんどが虐待による入所で、全国児童相談所における虐待に関する相談件数は、平成十一年度に比べて令和二年度には約十八倍の二十万五千件です。この数字は「子どもの権利条約」に抵触する現象で社会問題化しています。

出生率は過去最低を記録し、虐待数はさらに国の予想をはるかに上回る速さで増えています。日本の精神的幸福度が先進国中、最下位でコロナ過は児童虐待やネグレクト（育児放棄）も深刻化しています。経済的困窮もひとり親家庭の七人に一人が貧困状態にあり、親を不安定な精神状態に追い込み、そのストレスが虐待に繋がっています。自殺率の高さ、いじめの問題などの要因により施設に入所してきているのが現状です。

こども家庭庁の創設

国の政策としては、「こども家庭庁」を創設することで六つの基本的理念を打ち出しています。

①こどもの視点、子育て当事者の視点に立った政策立案。

②全ての子どもの健やかな成長（幸せな状態）の向上。
③誰一人取り残さず、抜け落ちることのない支援
④子どもや家庭が抱える様々な課題に対し制度や組織による縦割りの壁、年度の壁、年齢の壁を克服した切れ目のない包括的な支援。
⑤待ちの支援から、予防的な関りを強化するとともに、必要な子ども・家庭に支援が確実に届くプッシュ型支援、アウトリーチ型に転換。
⑥データ・統計を活用したエビデンスに基づく政策立案（評価・改善）

この理念をもとにこども家庭庁が三つのこども政策の柱を示しました。

①ライフステージごとに希望が持てる社会を目指す。
②全ての子どもに安全安心な環境を提供する。
③全ての子どもの健やかなる成長を保障する。

ここに書いたことに従って国は役割を遂行している途中といわれていますが、現場の意見をどれだけ聞き入れてくれるのかと不安は残ります。

み仏の慈悲により

しかしながら、話を自坊の児童養護施設「悲眼院」に戻しますと、今から百年以前に国に頼れないから、地域の医師や寺院によって自分らで救済しようとの思いのもとに絆が結ばれ社会事業がなされていきました。

これが苗木となって様々な方面に花が咲き活躍している卒業生の話を聞くたびに、感謝の気持ちの者同志が、支え合う仏の慈悲心を持った人達であふれる仏国土になれると信じています。

今日もかわいい紅葉のような手をつないで幼稚園に行っています。

ありがとうございました。　合掌

岡山県笠岡市　明王院

「成豪君の心意気」をありがとう

大正三年から今日まで営々と続いて来た「悲眼院」の歴史がこれからも末永く続くことを祈ってやまない私は、やがては4代目をついでくださるであろう、成豪君の心意気を聞かされたようでこれほど嬉しい心強い一文はありません。

もちろん高野山やご家族の皆様のお支えが有ればこそですが、これらの文をご紹介くださいました、福山市福盛寺の佐藤弘子（昌文院長の姉）さん本当にありがとうございました。弘子姉ちゃんは、本当に悲眼院のバックボーンですね。

初版本のあとがき

私は、悲眼院で北川小学校四年から小北《おきた》中学校二年生まで、あしかけ六年間お世話になりました。

入所した日に、「ぼくは生まれつき胃腸が弱いのでたくさん食べられなく云々」と言った話をその後何年も同室だった友人から冷やかされました。

早島の結核療養所に入院中の母親が、悲眼院に入所する私達兄弟を倉敷駅まで見送りに来て、土産にもたせてくれたブドウを同室の仲間に分け与えた時のエピソードです。

私はそんなこと言った覚えがなく、すっかり忘れてしまっていましたが、今思い出しても冷汗ものです。

栄養失調ぎみでひ弱なうえに運動オンチで、いつも一人だけ部屋で本を読んでいました。

お父ちゃんと呼ばれていた弘基院長先生が窓からのぞいて「外でみんなと遊びなさい」と声をかけてくれ、あわてて外に出て仲間に入れてもらいました。

お母ちゃんと呼ばれていた院長先生の奥さんは一人ひとりの子の健康を気遣い、時には言いにくいことをはっきり言って、あえて損な嫌われ役を引き受けていました。

お父ちゃんは豪放磊落な性格で、怒る時には雷親父になって怒鳴りましたが、後はからっと許して笑っていました。

お二人とも人間性豊かな院長夫妻でした。

最近の山陽新聞に高橋弘基師の父親に当たる、いわば私達のおじいちゃんの代になる「高橋慈本師」らが大正三年に開設した、無料診療所としての「悲眼院」の記事が書かれていました。

三十七年間の間に十数万人の患者を診察、入院させ治療した病院としての救療施設の歴史が書かれていました。

さらに戦後昭和二十五年に二代目の高橋弘基師が虚弱児施設に衣替えしてから、二十四年間に延べ千人の虚弱児を養育し、百人以上の保母や職員の雇用を確保してきた貴重な歴史を知りました。

しかもまだまだ終わりではなく、三代目の高橋昌文師が今や岡山県の児童養護施設界に無くてはならない存在としての「悲眼院」を引き継いでいます。

現在まで、高橋慈本師、弘基師、昌文師三代にわたって自主独立の個人経営で引き継がれた「悲眼院」には、百年以上の実績があります。これからさらに四代、五代と正しい福祉施設の流れを引き継いで岡山県の社会福祉の歴史に悲眼院の名をとどめてほしいものです。

大正時代の笠井知事が全国初の済世顧問制度を作って、後世の民生委員制度発祥の先駆けになりました。

さらにキリスト教徒の石井十次氏らが三千人を収容した孤児院、それに勝るとも劣らない仏教の慈悲の教えを実践した「悲眼院」の救療施設と虚弱児施設、さらに赤磐市に現存する児童養護施設「天心寮」また、当時の禁酒運動を推進した旧美星町の三浦伊助氏等の貴重な歴史は、岡山県の「防貧政策の実践」をものがたっています。

「社会事業によって生活しない」という真摯な生き方に貫かれて、全国でも珍しい民間個人経営の社会福祉の原点が「悲眼院」にあったことを知り、驚くとともに誇りに思いました。

多くの庶民が生活に困窮して病気になっても医者にも病院にも行けない時代に、無料診療所の救療施設を開設して病人やけが人、妊産婦を助けた初代高橋慈本師や渡辺元一医師。

終戦後大変な食糧難時代に子供たちを集めて衣食住を保障し養育した虚弱児施設の院長高橋弘基夫妻とそれを助けた谷本俊医師。

高度経済成長時代を経て物質的には豊かになっても、貧富の差や虐待、いじめなど精神的に傷つく子等に、自然豊かな生活環境の居場所を提供した、児童養護施設の院長高橋昌文夫妻。

それぞれの時代の要請にふさわしい福祉事業に取り組み、常に弱い者の味方として世の中に貢献してきた「悲眼院」の歴史を掘り起こし記録にとどめました。

現代では、いたるところに介護施設や福祉事業所などもできて、ある意味では大変恵まれた時代でもあります。

しかしその一方では福祉事業に名を借りた「お金儲け」や「補助金目当て」の福

祉作業所や障碍者施設も見受けられます。

高橋師三代、百年以上の歴史を持つ悲眼院は、「仏教の慈悲」の精神が根幹にあり、科学的な医療の知識、困窮者救済の物心両面にわたる人権への配慮など、まっとうな社会福祉事業のモデル的な存在として岡山県の社会福祉事業にその名をとどめてきました。

このような貴重な歴史をこのまま埋もれさせ風化させてはならないと思い、現在の高橋昌文院長にお願いをして関係資料を集めていただきました。

主な資料は、初代の高橋慈本師のことを二男の高橋真一氏が書いた「麦の一穂」です。さらに二代目の高橋弘基師のことを長男の高橋耕文氏が書いた「麦の一穂のひろがり」があります。

岡山県立大学の二宮一枝先生の「近代の岡山における社会事業の特質と展開過程」という本により、大正時代の済世顧問制度や天心寮を作った山本徳一医師の公衆衛生活動が後の「愛育委員制度」の先駆けになったことが良くわかりました。

さらに初代の高橋慈本師自ら書かれた大正十三年の「悲眼院十年史」が後から見つかり、大変参考になりました。

三代目の高橋昌文師については、まだ現役で東奔西走中ですので、伝記を書くゆとりもありません。困ったなと思っていましたら、福山市福盛寺の佐藤弘子（高橋弘基師の長女）さんが姉の立場から三代目を継いだ弟の昌文師夫妻のことを書いてくださいました。

誰でもそうですが、自分ではなかなか書けませんが、ご子息や姉さんが書いて下さった貴重な記録を読ませていただきました。

それでも歴史的事実を列記するだけでは、まだなにか物足りなさを感じていました。そこで「虚弱児施設でお世話になった子どもたちの生の声を載せよう」と思って、急きょ悲眼院の卒業生の皆様方にご協力をお願いし、なつかしい思い出を書いていただきました。

一般家庭の子どもとちがい、何らかの事情があって施設に入らざるを得なかった児童生徒の感想ですから、つらい悲しい思い出もたくさんあったはずです。

今だから言えることもありますし、いつまでも胸にしまっておきたい大切な思い出もたくさんあります。それを、あえて公開していただきましたことに、心から厚く御礼申し上げます。

でももう何十年も昔のことではっきりしないことも多く、私なんかはつらく悲しいことよりも楽しかった思い出ばかりが浮かんできました。そのことは、とりもなおさず施設を卒業して社会の風に当たり、苦労した後半人生の厳しさを物語っているのではないでしょうか。

私が原稿依頼をした谷村先輩は「思い出の文章は書けないが……」と断って電話で話してくれました。

「中学を卒業して社会に出てから、何があってもたった一人で生きて行かなければならない厳しさに比べれば、悲眼院にいたころの思い出は楽しいことばっかりだった」という意味の回答を寄せてくれました。

その気持ちは痛いほどわかります。中学を卒業したばかりの十五歳の少年少女が、そまつな行李一つで施設を出て行かなければならない不安を抱えた淋しそうな表情が今でも眼に浮かびます。

施設にいる時の喜びや悲しみ、卒業して社会へ出てからの不安と苦労、それらはまた福祉施設で生かされてきたことの証明でもあります。

悲眼院という「仏の慈悲の心」で助けられ育てられた私たちは、初代の渡辺院長、高橋慈本理事長、二代目の谷本俊医師、高橋弘基師、三代目の高橋昌文師らの苦労に思いをはせて、「ありがたい」という感謝の念をあらためて深くするものです。

私も、もう後期高齢者になりましたが、今日の自分があるのはすべて悲眼院のおかげです。

時々童謡の「ふるさと」を口ずさみますが、頭に浮かぶ「ふるさと」は全て悲眼院の自然豊かな美しい風景ばかりです。

今から思えば、せっかくお寺でお世話になったのに、せめて般若心経ぐらいはきっちり覚えて卒業すればよかったと、お葬式や法事の時に苦笑することも多々あります。

なつかしいお父ちゃん、お母ちゃん、おばあちゃん、お兄ちゃん、お姉ちゃん、保母さん、先生方、友人たちの声や顔が走馬灯のように浮かんできます。

何一つご恩返しは出来ていませんが、拙文をおささげして、感謝の気持ちに替えさせていただきます。

合掌　　　　　　　　　　　　　　　　　　　　　　　　　　　　　　　　　　　　　　　縦野志郎

改訂版「悲眼院のあゆみ」のあとがき

悲眼院の歴史をくってみると歴代の院長、理事長の中で現在の院長、高橋昌文師が一番長く、しかも現代の息苦しい世相の反映で児童のいじめ、虐待など精神的な問題を抱えた厳しい時代を担ってこられました。

そんな我らがヒーローのマー坊が叙勲を受けられたと聞いて、我が事のように嬉しく何かお祝いしたいと思いました。

なにか記念品が良いかと思いましたが、相応しい品が思いつきません。

そこで悲眼院の歴史をつづった改訂版「悲眼院のあゆみ」がどうだろうかと思い

つきました。でも最近の児童福祉施設の苦労などわかりません。

幸い息子さんで後継者の成豪君がおられ、ご協力をお願いしました。

現役バリバリの成豪君は施設の事、民生委員の事、お寺の住職の事、ご自分の家庭の事など寸かを惜しんで頑張って居られます。

そんな多忙な中を快くご協力いただき感謝に耐えません。

私も80歳になりましたが、もう少し元気で頑張りたいです。

もうひと花咲かせるつもりで改訂版の編集に取り掛かりました。

「悲眼院のあゆみ」の表題は50周年記念誌から頂き、表紙もその時の写真を転用しました。

どのような編集スタイルにしたら良いのか悩みましたが、初版本の良いところは基本的に残して、高橋昌文現院長の人間性を出来るだけクローズアップするように配慮しました。

高橋昌文院長の人間性は沈着冷静で怒ったり大きな声をしたことを聞いたことがありません。忍耐強く粘り強い性格は子供の頃からでした。一言で言うならば仏の「慈悲」の精神を体現した優しさにあると思います。優しい寛容の精神で悲眼院全体を包み込んで歩んだ苦難の道は「万民の尊敬」に値するところです。
悲眼院百十五年の功績を書き残して、高橋昌文院長の「叙勲」と岡山県福祉「済世賞」のお祝いになれば望外の幸せです。

もみの志郎

2024（令和6）年12月

年表

大正3年　渡辺元一院長　高橋慈本理事長体制で
救療事業悲眼院創設
大正4年　明王院を解放し「土曜子ども会」を創設
大正7年　渡辺元一、高橋慈本、岡山県済世顧問を受託
大正9年　悲眼院に大山兄弟らの寄付金で「静思寮」建設
大正13年　渡辺元一院長死去　58歳
大正14年　渡辺元一院長亡き後は谷本、戸出、内田氏等が
院長を継ぐが、詳細は不明
昭和3年　内務大臣表彰により銀杯授与される

昭和11年　高松宮殿下より銀杯授与される
昭和15年　天皇皇后両陛下より高橋慈本に藍綬褒章を下賜
昭和20年　高橋慈本死去　67歳
昭和25年12月　虚弱児施設　悲眼院創立　初代院長高橋弘基
昭和49年11月20日　高橋弘基院長　死去　67歳
昭和49年12月　高橋昌文　2代目院長就任　二十七歳
平成10年4月　児童福祉法改正により
　児童養護施設　悲眼院に名称変更
平成29年10月5日　岡山県社会福祉協議会より
　高橋昌文に済世賞が授与される
令和3年11月3日　天皇皇后両陛下より
　高橋昌文に瑞宝双光章が授与される

参考引用　文献

「麦の一穂」高橋慈本の歩いた道　高橋真一著

「麦の一穂のひろがり」父、高橋弘基の歩んだ道　高橋耕文著

「済世の心」　岡山県民生委員児童委員協議会

「近代の岡山における社会事業の特質と展開過程」　二宮一枝著

「悲眼院十年史」　高橋慈本著

もしも魔法が使えたら　星野光世著

北川の人物　北川まちづくり協議会

天心寮　社会福祉法人　鳥取上小児福祉協会

岡山文庫　岡山の梵鐘　川端定三郎著

岡山孤児院物語　石井十次の足跡　横田賢一著

続　木山捷平研究　定金恒次著

昭和戦争史講義　一之瀬俊也

悲眼院のあゆみ（50周年記念誌）　高橋成豪編集

山陽新聞記事　より

著者紹介

樅野志郎（もみの　しろう）

昭和18年倉敷市生まれ。平成元年より4期16年山陽町議会議員、平成17年より2期8年赤磐市議会議員。令和元年春の叙勲、自治功労賞として旭日双光章を受ける。

悲眼院《ひげんいん》のあゆみ　慈悲の心で115年

2024年12月13日　初版第１刷発行

編　著―――樅野志郎

発行所―――吉備人出版

〒700-0823　岡山市北区丸の内２丁目11-22

電話 086-235-3456　ファクス 086-234-3210

振替 01250-9-14467

メール books@kibito.co.jp

ウェブサイト www.kibito.co.jp

印刷所―――株式会社三門印刷所

製本所―――株式会社岡山みどり製本

ISBN978-4-86069-756-3　C0036